日露皇室外交

1916年の大公訪日

バールィシェフ エドワルド 著

EURASIA LIBRARY

ユーラシア文庫
4

目次

日露皇室外交

——一九一六年の大公訪日——

凡例

＊引用文における句読点は筆者による補足である。
＊引用文の旧字や歴史的な仮名づかいは現代のものに改めた。
＊年月日は特にことわりがない場合を除き西暦を用いている。

はじめに　ロシア皇族訪日の背景

百年以上前の日露両国史を振り返ってみると、一九一七年のロシア革命の結果倒れた君主制も、日本特有の天皇制も、国家体制の重要な特徴のひとつであったことを、まず、当然な事実として発見する。ロシア帝国の専制政治はツァーリ（皇帝）を頂点としており、大日本帝国の国体は天皇を中核要素にしてできあがっていたことは明らかである。二国の君主制は相違点のほうが多かったと主張することもできるかもしれないが、君主および皇室は日露両国にとって共通する現実であった。実際の内外政策に占める君主の重みも相当異なっていたが、両国の体制とも内閣制や代議制を超越しており、対外政策という分野では《一般外交》とは別のオールタナティヴな連絡経路を可能にしていたのである。

ちなみに、近現代の政治学・歴史学において、君主制は《古い過去の罪悪》として位置づけられ、伝統的に軽視されてきた感がある。少なくとも、ロシアの場合、一九一七年の革命以降、ロシア専制政治は、イデオロギー的な理由から《寄生的で無能な侵略主義的存在》として、常に批判の的になっていた。その結果、ツァリーズムという用語は消極的な意味合いでしか使われず、その仕組み・性質・機能などは深く検討されてこなかった。ただし、歴史を丹念に検討すれば、同時代の欠陥のすべてを《ツァリーズムの陰謀》で説明できないことが分かる。そのため、帝政時代の歴史的な現実を深く理解しようと思えば、全体の国家体制におけるツァーリの地位と役割を見直す必要がある。言うまでもなく、君主制に対する過小評価は、十八世紀末以降顕在化した、反君主制的な要素を取り入れた政治的な側面における近代化プロセスと切り離すことのできない現象である。それゆえ、戦後の日本の歴史学においても、君主制への軽視という似通った要素を見ることができる。国際関係史や外交史の面において、こういった見方は《君主外交》あるいは《皇室外交》の過小評価および日露両国の外交政策プロセスの単純化にも表れていると、わたしは考える。

本書を世に出すことによって、日露両国の君主制や両国間の皇室交流に焦点を当てる研究を試みるのは、以上のような歴史学的な欠陥を少しでも克服するためである。本書の課題は、同時代の日露接近の典型的なエピソードとして捉えられる一九一六年一月のロシア皇族の訪日という興味深い出来事の経緯と舞台裏を、一世紀前の貴重な史料を頼りにして解剖し、両国間関係史の理解を深めるところにある。

明治大正期の日露関係と皇室

日露関係は国交樹立以来、外交政策の決定者でもある皇帝によって大いに方向づけられたことは言うまでもない。明治維新の結果、日本で君主権力の復興が行われると、ロシア皇帝はその事情に目を向け、皇室間の親交関係の成立に努めた。一八七二年、アレクサンドル二世の四男であるアレクセイ・アレクサンドロヴィチ皇太子（一八五〇－一九〇八年）がロマノフ王朝の代表として日本を訪れ、両皇室間の関係が始まった。同十一月中旬、世界一周航海旅行中であった海軍中尉の若い皇太子はスヴェトラーナ号で神奈川に入り、明治政府から国賓としての歓迎を受けた。短期間の滞在であったが、それは《ヤマト朝廷》にとって史上初ずくめの交流となった。天皇は外国軍艦に初めて足を運び、外国人の賓客に自分の公式な肖像写真を初めて贈ったほか、明治皇后は初めて外国人に面接したという。こうして、《ヤマト朝廷》とロマノフ朝廷の交流は極めて友好的にスタートし、それは天皇制の歴史的な行方そのものにも大きなインパクトを与えたであろうと考えられる。

一八八二年八月、明治天皇の叔父に当たる有栖川宮熾仁《たるひと》親王（一八三五－一八九五年）が公式にペテルブルグを訪れた。有栖川親王はアレクセイ皇太子の日本訪問に当たってロシア皇族の接伴《せっぱん》役を務めた人であったため、彼の訪露にはその返礼ともいえる継続性が認められる。ちなみに、それは日本の皇族による最初のロシア訪問となり、日露皇室間の交流はそれをきっかけに大いに活発化していった。当然なことに、こうした活発化の背景には交通手段の更なる発達、両国の勢力圏の地理的な接近、国民国家の形成プロセスなど、当時ならでは諸要因があったであろうが、謎めいた隣国への新鮮な関心もそのひとつであったに違いない。

後にニコライ二世として即位したニコライ皇太子（一八六八－一九一八年）による一八九

一年の日本訪問の背景にも、以上のような事情を容易に発見しうる。一八九一年四月二七日、ニコライ皇太子は前のロシア皇族と同じく、世界一周航海の途中で長崎に到来したが、皇太子はその日の日記に「ついに待望の日本の小高い海岸を見た。素晴らしい晴天の日だった」と叙情詩的に記している（保田孝一『最後のロシア皇帝ニコライ二世の日記』増補、朝日選書、一九九〇年、二〇頁）。こうしたロマン主義的な姿勢はロシア人らしい態度であり、《日出《いず》る国》日本は特殊で素晴らしい文化をもつ国として、ロシア人の関心を常に惹いていた。この意味で、日本との出合いを大変楽しみにしていたニコライ皇太子も例外ではなかったようである。訪日の際、皇太子は日本各地を見学し、建設が終了した、現在《ニコライ堂》という俗名で知られている東京復活大聖堂の開会式に参加するはずであったが、五月十一日、有名な

ニコライ二世

大津事件が起こった。琵琶湖の景色を楽しむニコライ皇太子が元武士の巡査・津田三蔵によって右のこめかみに切りつけられて軽く負傷したのである。

大津事件は日本政府の手落ちで起きたわけであるから、日本の当局はロシアが報復措置に出るかもしれないと危惧しながら、皇室外交を含むすべての手段を活用して、両国間の国交の冷却化あるいは断絶を防止しようとした。その結果、ニコライ皇太子やアレクサンドル三世宛には明治天皇からの親電が直ちに送信され、天皇自身が翌日の十二日にニコライ皇太子を見舞うために京都に向かった。翌十三日、ニコライ皇太子は明治天皇の訪問を受けてから、天皇に同伴されながら、列車で旗艦アゾーフ号が停泊する神戸に戻った。アレクサンドル三世をはじめとしたロシア人が皇太子の安否を心配するなか、日本国内の旅行が中止され、皇太子がシベリア経由で帰国することとなった。

ニコライ皇太子の訪日は、ロシアの対日皇室外交の頂点のひとつとなったが、琵琶湖畔で起きた暗殺未遂事件はロシア社会中で高まりつつあった日本贔屓《びいき》の気運、そして日露関係全体に冷や水をかけたに違いない。運よく命にかかわるほどの傷ではなかったニコライ皇太子は、今後も引き続き「日本に対する好感は変わらない」と絶えず明言していたが、日露間では次第に緊張感が増していった。ロシアの《積極的な極東外交》がどのような働きかけをしたかはともかくとして、大津事件が日本国民のなかで根強く存在していた「積年の対露憎悪感の発露」（『日露年鑑』日露貿易通信社、一九二九年、一〇頁）であり、こうした日本国民の恐露思想は両国間関係の敵対化に大いに影響したと思われる。

大津事件が起きてから、一八七〇－八〇年代の友好的な日露関係の代わりに対立や敵対心で特徴づけられる時代が訪れたが、興味深いことに、皇室間の交流は大きな滞りなく、日露戦争の前夜まで続いた。というのも、国際政治が緊張するなかで、一八九四年に皇帝となったニコライは、日本の皇室との緊密な関係を維持することにより、日露関係の安定化を図ったからである。たとえば、一八九八年七月、朝鮮半島をめぐる両国間の対立を緩和するために、ロシアの皇室外交の一環として、日本にはニコライ二世の従兄弟に当たるキリル・ヴラジミロヴィチ大公（一八七六－一九三八年）が派遣された。さらに、日露戦争がすでにほぼ不可避となった一九〇二年七月－八月、同じく皇帝の従兄弟ボリス・ヴラジミロヴィチ大公（一八七七－一九四三年）が来日している。日露戦争を前にして、一九〇〇年六月に閑院宮載仁《ことひと》親王（一八六五－一九四五年）、一九〇二年七月に小松宮彰仁《あきひと》親王（一八四六－一九〇三年）と日本の皇族たちもロシアを訪れ、ロシア皇帝から勲章を受け取っていた。

要するに、一八九〇年代以降、両国間関係には緊迫した雰囲気が漂いはじめたが、皇族間の交流は依然として続いていたわけである。間違いなく、ロシア側はそれに両国間の友好関係の保証のひとつを発見していたが、この期待は的中せず、一九〇四年二月に大日本帝国がロシア帝国を存亡の瀬戸際に立たせた《自衛戦争》の引き金を引いた。この戦争は東アジアおよび全世界における国際状勢に大きな変化をもたらし、ロシアの積極的な極東政策に終止符が打たれた。

こうして、日露戦争によって両国間関係は一変したわけであるが、興味深いことに、戦争から数年後、皇室外交は日露間の誤解を解くための有効な手段として再び見出された。一九〇五年のポーツマス講和条約から一九〇七年の日露協約へと、日露間に新しい国際政治的な現状を規定する一連の協定が締結されると、日本は両国関係の円満化を図り、皇室外交の仕組みを活用し、ロシアの皇室との関係修復に努めるようになったのである。特徴的なのは、今度は皇室間の交流活発化を望んでいたのはロシア側ではなく、日本側であった。

一九〇九年三月末、久邇宮邦彦《くによし》王（一八七三－一九二九年）が非公式に、ペテルブルグを訪れたが、それは両国皇室の交流の再開となった。日本の皇族はペテルブルグで親切な歓迎を受けたが、ロシア側は日本皇室との友好的な関係の復興を期待できず、ロシア皇族による返礼訪問はみられなかった。こうした状況のなか、一九一二年七月、明治天皇が崩御すると、欧州列強は葬儀に特別代表を派遣したが、ロシア皇帝の対応はやや冷たく、弔意はマレーフスキイ＝マレーヴィチ大使（一八五五－?年）を通じて伝達された。

若くて病弱な大正天皇（一八七九－一九二六年）の時代になると、長州閥の山縣有朋（一八三八－一九二二年）および井上馨（一八三五－一九一五年）を筆頭とする元老たちはその国際的な権威の維持に不安をいだきはじめたようである。君主制のロシアとの国交が緊密化すれば、元老の権威も高まるはずで、明治の元勲たちは大正天皇の尊厳を維持することによって、自分たちの発言力・政治的影響力を高めようとした。それに絶好の機会を提供したのは、一九一四年七月二八日に勃発した《欧州大戦》（第一次世界大戦）であった。

日露接近の好機としての《欧州大戦》

元来、元老たちの考えでは、ロシアとの完全な正常化はなすべき緊急政策のひとつであった。というのも、日露戦争中、日本政府が英米両国から多額の借款を含む様々な支援を受け、ロンドンやワシントンに対する依存が高まってきたからである。《中国大陸》における日本の権益を考えた場合も、ロシアとの提携が欠かせないものとなった。それゆえ、日露戦争直後、英米両国との友好関係を維持しながら、《陸軍大国のロシア》や《資本大国のフランス》との関係の緊密化を目指す政策方針が明確化してきた。

ここで、《大正の天佑》として迎えられた一九一四年の《欧州大戦》が勃発すると、元老らは、武器軍需品が極端に不足しているロシアの窮境を生かし、本格的な日露接近を考えてロシア側の立場を打診し始めた。こうした対露方針を実現させるために、長州閥の元老たちは天皇の権威のほかに、参謀本部などにおける支配的な影響力および外交界・金融界での発言力を巧みに利用しようとした。開戦後、閑院宮載仁親王が総裁を務める日本の半官半民団体である日露協会や赤十字社も《日露親睦》の気運の向上に積極的に寄与したが、暫くの間、日露国交の完全な正常化が実現されることはなかった。というのは、ロシアの姿勢がいまだ強固であり、ロシアの対日譲歩を狙ったと思われる日本側の《魅惑的な計画》に耳を傾けることがなかったからである。日本側は、武器軍需品等に関して、ロシア皇帝による天皇への直接の依頼が望ましいと強調してはいたが、ロシアの代表者たちはそれを疑わしいものとして受け止め、却下していたのである。

ただし、元老たちの対露外交の不運はロシア側の立場よりも、むしろ大隈内閣と加藤外相の《英国一辺倒姿勢》に起因していた。山縣有朋や井上馨をはじめとした元老がしきりに大隈内閣に圧力をかけていたが、最初の頃、成果を得ることができなかった。一九一五年の夏、大浦兼武内相による選挙干渉および議員買収の責任が問われる大浦事件が内閣危機を引き起こし、大浦内相や加藤外相をはじめとした大臣の交代につながった。同じ頃、ロシア軍が苦境に陥り、ワルシャワ陥落に象徴されるように東部戦線が大いに揺れ動いたため、同盟国イギリスも協商国の敗北を恐れて、ついにその立場を変え、日露接近を祝福する覚悟ができた。こうして、一九一五年の秋までに日露正常化の前提条件のすべて（大隈内閣とイギリス政府の了解、そしてロシアの苦境）が揃ってきた。

　ここで日露間の全面的な国交正常化を狙った皇室外交のメカニズムがついに起動したのである。そのきっかけとなったのは、一九一五年十一月十日に行われた大正天皇の即位の礼である。京都には外国の特別使節団を受け入れるだけの宿泊施設がないという事情があって、即位式には各国の駐日外交官等が参列することとなった。ちなみに、ロシア皇帝が祝意を表明するために名代を日本に送るといううわさが同年の夏から流布していた。結局、ニコライ二世は「天皇に謝辞を届ける」という名目で、日本へ大公を派遣することを実際に取り決めたが、この決定はロシア陸軍当局の意向を背景にしながらも、同年十二月十一日、大本営でニコライ二世の独断によってなされた。大本営付従軍日本武官の陸軍少将中島正武（一八七〇－一九三一年）が、侍従外科医セルゲイ・フョードロフとの昼食時の会話のなかで、「ニコライ皇帝が日本に大公を派遣されれば、それは日本人に素晴らしい感銘を与え、日本は対独戦争を継続するロシアとの協力を強めるであろう」（Mezhdunarodnye otnosheniya v epokhu imperializma,（以下MOEIと略）Seriya 3, vol. 9, Moscow-Leningrad, 1937, pp. 540-542）と指摘し、それはすぐにニコライ二世に伝えられたことが直接のきっかけとなった。ツァーリは直ちにその妥当性を承認し、自分の名代を日本に派遣することにしたのである。表向きの使命は天皇の即位を祝い、かつ開戦以来日本から受けた援助に対して謝意を表明することにあったが、実際の目的は日露軍事協力を促進させること、すなわち日本からロシアへの武器供給を拡充させることにあった。ロシア大公がツァーリの公式な《使命》を帯びて日本を訪れるということは日露関係史上初の出来事であった。

ロシア皇帝の名代として日本に派遣されることになったのは、ゲオールギイ・ミハイロヴィチ大公（一八六三―一九一九年）というニコライ二世の従叔父に当たる皇族であった。大公は、カフカス戦争にその才能を発揮したミハイル・ニコラエヴィチ大公の三番目の息子として、現在のグルジアの首都トビリシ市郊外に生まれ育った。中将の称号を有していた彼は近衛騎砲兵旅

ゲオールギイ・ミハイロヴィチ大公

アレクサンドル三世博物館

団第三中隊および第八一アプシェロンスキイ歩兵連隊の名誉隊長でありながら、アレクサンドル三世記念ロシア博物館（現在、サンクトペテルブルグのロシア国立博物館）館長を務め、ロシアの古銭研究等に没頭したりして、美術品の収集家や芸術学問の後援者として幅広く知られた。新ミハイロフスキイ宮殿の一部を構成している大公私邸は宮殿沿岸通りの横にあるミリオンナヤ（百万長者）通り一九番地に位置し、冬宮（現在のエルミタージュ美術館）の近くにあった。大戦前夜、ギリシア国王の娘であった妻マリヤ・ゲオールギエヴナ大公妃（一八七六－一九四〇年）はニーナ（一九〇一－七四年）とクセーニヤ（一九〇三－六五年）という二人の娘とともに治療のためにイギリスに出かけていたため、世界大戦の勃発によって大公の一家は離れ離れとなった。開戦直後、大公私邸には負傷者用の病院が開設され、大公自身は一九一四年の末から、侍従武官として大本営付皇帝特別代表を務め、名代としてプロシア、ガリシア、カフカス各地の戦線部隊を視察し、勲章授与等に従事することになった。一九一五年三月、その功績のため、大公は皇帝の命令でクバン・コサック隊第四哨兵大隊の名誉隊長に任命された。

サゾーノフ外相は、十二月十五日にニコライ二世に宛てた電報のなかでは、ゲオールギイ・ミハイロヴィチ大公の日本訪問は日本による小銃供給の増加に繋がらないだろうと指摘しながらも、ロシア皇族の訪日は「当然、ロシアに対する日本の親近感を強め、我々はそれを兵器供給問題にも、中国におけるドイツの影響との争い」という政治的な問題にも利用できるであろうと強調した（MOEI. Seriya 3, vol. 9, p. 541）。

十二月十六日、モギリョーフ（現在、ベラルーシ共和国の州都）の大本営からペトログラードに到着したばかりの大公はサゾーノフを訪問し、この件に関して協議した。大公の見解では、自分の使命は日本側に対して祝意および感謝の意を表明するというもっぱら社交的な側面にあり、外交交渉は専門家に任せられるべきであった。サゾーノフはそれに同意し、大公に随行する外交官として、四等文官グリゴーリイ・コザコーフ極東局長（一八六九－一九一八年）を派遣することを約束した。ロシアの外務当局において、軍事的協力の強化という面では大公の日本訪問は失敗に終わりかねないとみなされたなか、日本側に余計な圧力をかけないように、大公の日本訪問は政治的な意味を全く有しないと公然と宣言されたのである。

大公の訪日団の顔ぶれは三日間で決まった。コザコーフの他に、大公の随行員に侍従武官少将イリヤ・タティーシチェフ（一八五九－一九一八年）、大公宮廷長副官大佐ゲオールギイ・カホーフスキイ（一八六八－？年）、三等文官兼予備役陸軍大佐アレクサンドル・ベザック（一八六四－一九四二年）、参謀大佐ゲオールギイ・ムハーノフ（一八七〇－一九三三年）、大公宮廷事務局長の侍従補ヤーコフ・マイフローフスキイ（一八七二－一九三二年）、大公の私医である侍医レオンティイ・ブルンネル（一八五六－一九四二年）、帝室博物館部長ニコライ・モギリャーンスキイ（一八七一－一九三三年）の七名が選ばれた。両国間の軍事的な協力の強化が最大の議題にあがったなか、日露戦争後から開戦までドイツ常駐特派員を務め、皇帝随行員でもあったタティーシチェフや大本営付参謀本部大佐ムハーノフという二人の軍人はこの訪日団の有力なメンバーとなった。加えて、この使節団には大公および大公随員の従兵や従者として七名が同行することとなった。十二月二三日、大公、その随員および従者全員は、ツァールスコエ・セローでニコライ二世に謁見を賜った。大公が娘クセーニヤに宛てた書簡などの史料を読めば、大公をはじめ、訪日団のメンバーたちは遠くて謎めいた、しかもロシアの真冬と対照的な《南国日本》を訪ねることを大変楽しみにしていたことが分かる。

当初から訪日団に日本側の代表として付き添っていたのは、この訪日のきっかけをつくった中島武官である。十二月十七日、大公は中島少将を午餐に招き、コザコーフ局長を伴って十二月二八日にペトログラードを出発することを知らせた。この情報は日本の外務省や参謀本部のチャンネルを通じて、すぐに東京に伝えられた。当初、大公団はウラジオストークから敦賀か下関経由で日本に赴く予定であったが、十二月二三日に本野一郎駐露大使（一八六二―一九一八年）に会ったとき、大公は鉄道で朝鮮の釜山まで行き、釜山で船に乗り換えて神戸に着きたいという希望を明らかにした。真冬のウラジオストーク港は結氷する恐れもあり、満鉄・朝鮮経由のルートが確定したのである。そこで、本野大使は石井外相宛の電報に、日露戦争後にロシア皇族が来日するのは初めてであるので、大公を十分に歓待するように求めた。本野大使は大公を奉迎する準備として、出迎えに釜山へ日本軍艦を派遣するのは「至極好都合」と考えた（防衛省防衛研究所史料室「露国皇族来朝ニ関スル件」『大日記乙輯、大正五年』、一六九三頁）。

第一章　ユーラシア大陸の彼方へ向かう大公一行

露都から釜山へ

ゲオールギイ・ミハイロヴィチ大公一行十七名の乗ったシベリア特急は一九一五年十二月二八日（露暦の十二月十五日）の夕方、本野大使をはじめとした日本大使館員等に見送られながら、ペトログラードのニコライ駅を出発し、東方に向かった。特急列車は蒸気機関

旧ニコライ駅（現在のモスクワ駅）

車、台所付の荷物車、食堂車、五両の普通車、随行員車両および大公車両という編成となっていた。大公、侍医ブルンネルおよびモトーロフとドゥーダレフという従兵二人は端の展望車を利用することとなり、他の随行員とその従者は隣の新設車両に乗っていた。大公団には宮廷長として料理文化に詳しいカホーフスキイ大佐、笑い話が上手で陽気なムハーノフ大佐、全世界を股にかけた鉄道旅行や劇場の比類のない愛好家のベザック大佐などの面白げな性格の人がいた。口数の少ない中島少将も、ロシア人の随行員の目からすれば、極めて興味深い存在であった。大公、中島、ムハーノフおよびベザックは車中、暇つぶしにブリッジ（トランプゲームの一種）でよく遊んでいたらしい。民俗学・人類学の研究に取り組んでいるモギリャーンスキイ教授は彼らの趣味と面影をその日記『ミカドの客として』のなかで巧みに書き留めている。

東方旅行のスタートは三〇分ほどの出発遅延および人身事故（ペールミに入る前、グラーゾフ市で鉄道職員が事故で死んだ）などの縁起の悪いことがあったが、シベリア特急はヴォログダ、ヴャートカ、ペールミといった北方ルートを徐々に東へ進んだ。十二月三一日、列車はウラル山脈を越え、シベリアに入った。コダックのカメラを持っていたカホーフスキイ、ムハーノフやモギリャーンスキイらは美しい景色を見つけ、さかんに写真をとっていた。オムスクやクラスノヤルスクのシベリア各都市のプラットホームで地元の軍司令官らの歓迎を受けてから、大公一行は自然の美しいザバイカル地方を通過して、国境に向かっていた。離れ離れとなった家族のことを愛しく思っていた大公は毎日、イギリスで銃後の日々を送っている妻子宛に手紙を書いていた。

シベリア特急がまだロシア領を走っていた一月五日、大公団には日本側の接伴員名簿が電信で伝達された。閑院宮載仁親王には東京における大公の接待が任されたほか、接伴員長として日露協会会長で朝鮮総督の寺内正毅（一八五二－一九一九年）が任命され、接伴員には中島武官のほかに、侍従武官長内山小二郎大将（一八五九－一九四五年）、ポーツマス講和会議に日本外交団の一員として参加した駐メキシコ公使安達峰一郎（一八六九－一九三四年）、陸軍少将白井二郎（一八六七－一九三四年）、海軍少将森義臣（一八六八－一九四九年）、ロシアの政治思想に詳しい海軍大佐田中耕太郎（一八六八－一九三九年）、式部官吉田要作（一八五一－一九二七年）、式部官木村甚三郎およびロシア語に通ずる歩兵少佐黒澤準（一八七八－一九二七年）という十名が任命された。大公は《日本皇室の貴賓》として歓迎され、日本本土滞在中、個人ではなく、「公然の資格」を有する者、すなわち国賓として待遇されることとなった（宮内公文書館「第二号、接待次第御治定ノ件」、『大正五年外賓接待録』第八四四一号、第一巻）。

日露の《緩衝地帯》である満洲に入ってからは、大公一行は東清鉄道ハルビン長官ドミートリイ・ホルワット中将（一八五八－一九三七年）をはじめとした北満洲のロシア当局の文武官、ハルビン駐在日本総領事佐藤尚武（一八八二－一九七一年）をはじめとする北満洲駐在の日本外交官たち、ロシア通として知られる外交部特派黒竜江交渉員（斉斉哈爾《チチハル》県知事付属外務担当）張慶桐（一八七二－一九四〇年後）や黒竜江全省警務所長兼警察庁長の劉徳権少将（一八八七－?年）という中国側の代表者に同伴されていた。

ハルビンに到着した大公一行

一月六日午前、ロシア国旗で装飾されたハルビン駅で大公を待っていたのは、日露英仏の外交官、ハルビン市の高等官、実業家らによる熱烈な歓迎であった。一・二等待合室が奉迎者集合所に変更され、一般乗客の出入りが禁止された。陸軍中将歩兵総監の服装をした大公は待合室に入り、整列するロシア文武官に一人一人握手をし、官級や姓名を聴いた。そして、ハルビン市長と語り、送迎に感謝した後、整列した中国人の儀仗兵を閲兵し、万歳やウラーの声で送られて汽車のなかへ戻った。

日露中三国の官僚・軍人に囲まれて大公一行が朝食をとった後、午前十時半、機関車二台、手荷物車、東清鉄道長官以下の乗り込んだ貴賓車、普通一等車、東清社用食堂車、殿下接伴員乗用車および殿下御召車で編成される特別列車は長春方面へ向かった。ハルビンでは大公に随伴する大使節団に、出迎えのために同市まで出かけた満鉄理事川上俊彦（一八六二―一九三五年）、在北京ロシア公使館館員などが加わった。

午後七時半過ぎ、特別列車は日本勢力圏にありながら、ロシア所有の東清鉄道の終点である寛城子《かんじょうし》駅に到着した。ロシア騎兵連隊長以下各文武官をはじめ、ロシア駐屯兵二個中隊が堵《と》列して、厳重に大公の到着を奉迎した。ここで日本側を代表して大公一行を出迎えたのは、白井陸軍少将、田中海軍大佐、木村式部官という日本側接伴官のほか、中村覚（一八五四－一九二五年）関東都督をはじめとした関東都督府の高官たちであった。大公一行は長春の満鉄駅に移動し、約一時間の休憩をとった後、午後九時に満鉄の特別貴賓列車に乗り換えて、南下して奉天に向かった。この駅から、大公は大正天皇宛に親切な接待を感謝し、敬意を表する電報を打った。大公をはじめとしたロシア人は長春駅の清潔さや特別車両の便利さに感心したようである。長春から、大公一行は日本皇室の賓客として待遇されるようになった。

ちなみに、長春－奉天間の八八マイルの沿線には、寒風凛冽《りんれつ》で零下二〇度という堪え難い状

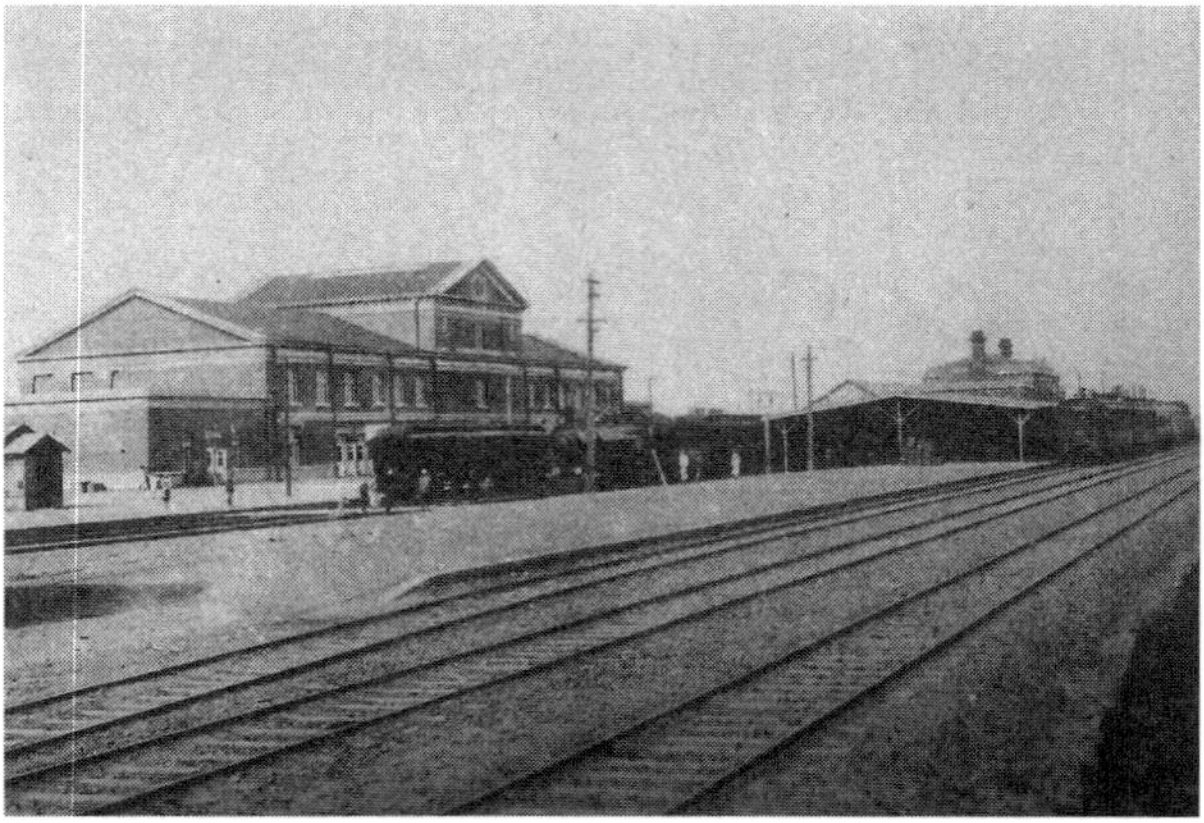

長春停車場

況にもかかわらず、闇夜のなか、三百メートル毎に保線工夫監守兵一名が立ち番し、列車内に憲兵警乗兵が多数配置され、厳重な警戒措置がとられていた。一月六日が露暦のクリスマス・イブに当たり、食堂車は日露の官憲入り乱れての乾杯握手、ハラショーの声や万歳の叫びとなった。翌七日午前四時に列車は奉天に到着し、大公一行は安奉線列車に移乗し、朝鮮方面へ向かった。

大公の歓迎の準備は、陸海軍省・宮内省・外務省の協力の下で進められていたが、《友邦ロシア》からの貴賓の歓待のため、宮内省から二名、外務省と陸軍省から一名ずつという形でロシア語やフランス語に通ずる適切な人材が慎重に選定された。さらに、国賓の歓待のために、宮内省主馬寮および調度寮からは、数頭の馬匹、数台の馬車、数名の馭者の他、自動車などがそろえられ、釜山に輸送された。同六日の夜遅く、寺内朝鮮総督は安達公使、森武官、大森副官、井口司令官、立花警務総長らを従え、特別列車でソウル（京城）南大門駅から安東に向けて出発した。一月七日の朝、ロシア皇族の搭乗する列車は、十一年前の戦闘を連想させる悲運の鴨緑江を超えて、午前一〇時五五分、日本の接伴員団が待っていた安東駅に到着した。

一時間後、大公一行は寺内総督をはじめとする日本代表団に伴われ、同じ列車で釜山方面へ出発した。午後十一時半、貴賓列車は京城（ソウル）に到着し、ここで二〇分ほど停車した。南大門駅のプラットホームでは数千人の大衆が大公を奉迎し、楽隊は日露両国の国歌を吹奏した。ここで、大公には朝鮮都督府の高級官吏や総領事をはじめとした在住ロシア人たちが紹介された。

車中において、日本とロシアの代表は大公の日本滞在の日程を調整し、その意義について認識を確認した。コザコーフ極東局長はフランス語を自由に操る安達公使に、東京に到着したら、ロシア代表はまず天皇陛下を訪問し、両陛下に対し勲章を奉呈したいこと、会食において、天皇陛下からご挨拶の言葉があれば、大公はそれに答辞を述べ、厚遇を感謝しつつ、日露関係についても言及したいこと、陛下の言葉と一緒に、それを公表してほしいというロシア側の希望を伝えた。さらに、コザコーフはサゾーノフ外相の指示により、日露関係の将来について日本側当局と意見交換をしたいとも打ち明けた。寺内総督はその旨を即時に石井外相に伝えると、外務省からは、参考のために、今度、宮中の宴会でなされるべき天皇陛下の乾杯スピーチの挨拶文が送られたのである。

海を越える訪日団

大公は船酔いに弱く、安定した航行を希望しているということが日本側に伝えられたので、一月七日午前八時、釜山港には大公の奉迎のために御召艦《おめしかん》として鹿島および供奉艦《ぐぶかん》として敷島の二隻の軍艦が入港した。八日午前十時前、雨が降るなかで、釜山桟橋に到着したロシア使節団は、海軍儀仗隊守備兵をはじめ、官民学生が整列する道を通り、旗艦鹿島へ移乗した。ここでは第三艦隊司令官村上格一海軍中将（一八六二―一九二七年）や鹿島艦長海軍大佐下村延太郎（一八六七―一九四七年）以下の海軍軍人らの紹介が行われ、高等文武官との懇談がなされた後、賓客にはやっと休憩時間が与えられた。

同日三時半頃、第三艦隊旗艦鹿島は釜山を抜錨し、僚艦敷島の護衛でゆっくりと神戸へと進路をとった。大公団と日本側の歓迎団とともに鹿島に搭乗したのは、駐日海軍武官アポリナーリイ・ヴォスクレセーンスキイ海軍大佐（一八七九―一九三〇年）らであった。釜山港は大公や随行員にクリミア半島のヤルタのような保養地を思い出させた。ロシア人は

釜山港で大公一行を歓迎する海軍儀仗隊守備兵

釜山桟橋に到着した大公（左より、第三艦隊司令官村上中将、寺内朝鮮総督、大公、田中海軍大佐、安達公使）

真冬に暖かい異国の気分を味わうことができ、この遊覧を快く思っていた一方、日本側も努力を惜しまず、賓客に便宜を与え、彼らを楽しませようとした。ちなみに通訳を特に用意していなかったので、大公は同時にロシア語、フランス語、英語およびドイツ語で会話していたらしい。あらゆる言葉を通して行われた日本船員との交流は大公団のメンバーたちの記憶に残るものとなった。

鹿島、敷島の両軍艦は時速六ノットの微速力で関門海峡に向かって進行していた。警戒および歓迎のために、海上の要所々々において、鹿島敷島両艦の関門海峡通過に備え、十数隻の軍艦が配置された。一月九日の正午、晴天のなか、第三艦隊が関門海峡に入り、大公一行は次のような風景を目にした。四十余隻の歓迎ボートには日露両国の小旗を持つ大勢の人々が乗り込んでいた。門司側は和布刈《めかり》から梶ヶ鼻にかけての対岸一帯、下関側は壇ノ浦一面に、男女学生、軍人団、一般の市民が、雨風を厭わず、朝早くから立ち並んでいた。鹿島が近づくと、市民が万歳を絶唱し、花火が連発された。大公はそれを「満足の体に見受けられた」と、東京朝日新聞が報道した。ロシア人は日本の風景を見て幸せそうであったが、下関要塞のある関門海峡での撮影が禁止されており、残念であった。

１月９日、鹿島艦上にて（前列左より、ベザック大佐、鹿島艦長下村海軍大佐、大公、田中海軍大佐、侍医ブルンネル）

その後、鹿島艦上において、巡覧仕官との記念撮影が行われ、大公のために柔道・剣道・相撲などが披露された。日本人の歓迎に感動した大公は「余は鹿島に乗艦し真に行き届きたる待遇を受けつつあるを感謝す。殊に士官一同は公然以外に衷心より親切に歓待の意を表するを認め、愉快極まりなきを覚ゆ」と、日本側に対する感謝でいっぱいの様子であった（露国大公御来着——御満足の御言葉（第三艦隊司令官発電）、東京朝日新聞、大正五年一月十二日、第一〇五九九号、四頁）。同夕、第三艦隊は山口県周防大島の安下庄湾内に停泊した。翌朝、同地の当局者から、大公へ現地産のみかん一箱や干魚一束などが献納されたという。

十日午前六時半、第三艦隊は抜錨し、瀬戸内海の素晴らしい風景を楽しみながら、東への航海を続けた。この日、大公はロシアの習慣に従って、鹿島の士官室等を見学し、士官一同に感謝の意を表明して、乗組員の兵食を試食した。四時頃、御召艦鹿島は供奉艦敷島および二隻の駆逐艦によってその前後を警護され、堂々たる姿を高松沖女木島の北東に現し、四時半に小豆島内海湾に投錨した。ここで、大公は香川県の若林知事一行の歓迎を受け、特産の盆栽の松および真柏の二鉢が寄贈された。さらに、小豆郡長代理として鈴木郡書記官やその他の数名が御召艦鹿島を訪問し、小豆島産の醤油一樽および素麺二箱を大公に献上した。同夕、海岸では大公のために花火大会が催されるなど、大公歓迎一連の行事が続いた。十一日午前八時、御召艦は内海湾を抜錨し、神戸方面に舵を切った。

一月十一日、午後一時過ぎ、大公一行を乗せた軍艦鹿島は、時速六マイルの微速力で神戸港に入港した。そこにはマレーフスキイ大使や大使館付陸軍武官代理ニコライ・モーレリ大佐（一八六九－一九二〇年）らの駐日ロシア官吏のほかに、鉄道院総裁の添田寿一（一八六四－一九二九年）、吉田書記官および黒澤歩兵少佐という宮内省属の接伴員、服部兵庫県知事、鹿島神戸市長、由良要塞司令官らの高等官が大公の到着を待っていた。鹿島が投

神戸に到着した大公を出迎えるボート

鹿島艦上で大公（後ろ姿）に大使館員を紹介しているマレーフスキイ大使（その左）

神戸港で儀仗兵の前を通る大公と接伴員長寺内総督

錨すると、歓迎する人たちがボートで御召艦まで奉迎し、甲板に登って大公に拝謁した。

午後四時頃に艦載水雷艇でメリケン波止場から上陸した大公は宮内省差し回しの馬車に乗り、姫路騎兵連隊から特派された儀仗兵一個小隊に前駆後衛され、神戸駅へ向かった。釜山港での搭乗と同様に、上陸の際、御召艦および供奉艦は二一発の礼砲を発射し、軍楽隊はロシア国歌を吹奏した。道中には、国賓を歓迎する小中学生が国旗を振りながら整列していた。群衆が極めて規律正しく大公を奉迎したことはロシア人の目に留まる事実であった。午後五時十分、大公の乗る臨時列車は港内にある軍艦の皇礼砲、日露国歌の演奏および万歳の叫び声に送られて、東京へと発車した。臨時列車は途中、大阪や京都などで停車し、大公一行は熱烈に送迎されていた。京都駅において、ロシア人の前には山口茂一を筆頭とする京都大学の教授連が現れ、帰路で大公を是非とも大学で歓迎したいという希望を伝えた。

日本の新聞はロシア大公がペトログラードを出発してから、ロシア皇族の日本訪問に注目し、紙面で大きく取り上げていた。読売新聞、東京や大阪の朝日新聞、東京日日新聞、大阪毎日新聞、国民新聞や萬朝報などの紙面にはほとんど毎日、大公の訪日に関する記事が載せられていた。十二月二九日号の読売は、「大典祝詞伝達」のために来日するロシア皇族は天皇陛下に「露国製最高貴品」を、皇后陛下に「ダイヤモンドを一面に鏤めたる同国最高の勲章」たる聖エカテリーナ勲章を贈呈する予定であると、すでに報じた。引き換えに、日本皇室は大公に勲一等旭日桐花大綬章を、他のロシア代表にその下の勲章を奉呈すると知らされた。

第二章　帝都のロシア皇族

大正天皇の歓迎

一月十二日、東京停車場（東京駅）で特別歓迎式が開催された。午前六時半頃から警視庁は、東京駅から霞ヶ関離宮にいたる道筋に約三百名の巡査を配置した。暫く経つと、沿道には近衛師団および第一師団からの合計約一個師団や、手に両国の国旗を掲げる市内小中学の男女児童生徒が整列した。午前九時十分頃、大元帥の正装に身を包んだ大正天皇はロシア最高の聖アンドレイ勲章および大勲位菊花章頸飾を身につけ、侍従長鷹司熙通（一八五五－一九一八年）の陪乗する馬車で、内山侍従武官長、波多野宮内相に同伴され、出門した。数分後、天皇の行列はラッパによる君が代が演奏される中「御鹵簿《おろぼ》戛々《かつかつ》たる儀仗騎兵の蹄を先として」東京駅に到着した。天皇陛下が皇居を出て、大公の歓迎のために東京駅まで出かけたのは、前例のないことであった。伏見宮元帥、閑院宮大将、久邇宮少将という親王たちをはじめ、大隈首相、波多野宮内相、大浦内相、石井外相、岡陸相、八代海相、上原参謀総長、島村軍令部長、戸田式部長官、神尾衛戍総督、伊藤式部次官、宮内・内務・陸海軍各次官、橋本憲兵司令官、井上東京府知事、奥田東京市長、西久保警視総監など、日本政界の華が大公の奉迎のために、東京駅に集っていたのである。多くの文武官の胸には、ロシアの勲章が輝いていた（「国賓迎接――日露親善の楔子」、読売新聞、大正五年一月十三日、第一三九一三号、五頁）。

短い休憩の後、「鉄路の微かな轍《わだち》の響き」が伝えられてくると、大正天皇をはじめとする歓迎団はプラットホームに進んだ。午前九時三五分に特別列車が停車し、参謀本部前で二一発の礼砲が発射され、ラッパが一挙に鳴らされ、「神よツァーリを守り給え」のロシア国歌の嚠喨《りゅうりょう》たる音が響いた。「濃き藍色の上衣に赤に白毛を繞らしたるコサック型の御帽を召されたる」大公は展望車に続く寝台車から降りると、大正天皇は戸田式部官を通じて大公に挨拶し、握手を交わし、親王を簡単に紹介した。セルギイ主教（一八七一－一九四五年）に会釈してから、大公は天皇とともに整列する近衛第一

東京駅での歓迎の様子

両師団の代表部隊一個小隊を閲兵した。そして、天皇に車寄せまで案内され、閑院宮と「紅燃える儀装馬車」に同乗し、日本とロシアの国旗で飾られた道を霞ヶ関離宮へと向かった。陸海軍の部隊や陸海軍学校の学生からなる、道の両側に堵列した何千人という大群衆は大公を奉迎した（「奉迎の東京駅装飾――聖上畏くも御出迎」、東京朝日新聞、大正五年一月十二日、第一〇五九九号、五頁）。十時五分、行列は霞ヶ関離宮に到着した。極めて豪華な歓迎であったが、お正月の帝都は摂氏五度しかなく、薄い正装を着ていたロシア人にとても寒く感じられたらしい。

大公が泊まった霞ヶ関離宮はかねてからいつでも高貴な身分の人の使用に堪えられるよう、館内に暖炉も設置されるなど、万全の設備がととのえられていたが、ロシ

閑院宮親王とともに霞ヶ関離宮に向かう大公

ア特使の来臨までに新設備も加えられた。大公の部屋は日比谷、築地から品川の海上を展望できる洋館上階にあり、東向きの約二十畳敷きほどの部屋が御座所とされ、その左右に寝室および書斎が用意されていた。室内は絨毯と壁紙で飾られ、立派なテーブルと椅子が置かれていた。内苑には香ばしく咲きはじめたばかりの梅の古木、白つつじ、松をはじめ、数十鉢の植木が配置された。ゲオールギイ・ミハイロヴィチ大公は美術に造詣が深いということがよく知られていたため、霞ヶ関離宮に古今の美術品（絵画五十点、刀剣三十口、漆器、陶器、彫刻物などの数十点）が陳列されていた。タティーシチェフ少将、カホーフスキ

霞ヶ関離宮（出入口の前にはロシア軍人の姿が見える）

イ・ベザック両大佐以下八名の随員には大公の部屋を中心として、階上階下に各二室ずつ与えられ、背後の日本館には従者七名の部屋が割り当てられた。大公一行の食事は同離宮内の厨房を用いて、宮内省大膳寮から数名の主膳手などが出張してくることになった。同離宮には、内山侍従武官長が管理すべく接伴事務所も設置された。

霞ヶ関離宮に到着すると、大公は天皇の休憩室に入り、フランス語で閑院宮殿下と会話を交わし、ヴォスクレセーンスキイ海軍大佐を通じて、寺内伯爵、安達公使、吉田式部官の立ち会いのもとで、山縣元帥と暫く対話したという。大公はその使命の内容を簡単に述べて、明日山縣を訪問させてもらいたい旨を知らせた。ロシア大使館員、セルギイ主教、日本の文武官を引見してから、一同はシャンペンを抜いて殿下御安着の祝杯を挙げた。日露両国側の随行員・接伴員に囲まれた到着祝いの昼食が行われた後、大公は離宮の見学をして、暫時の休憩を利用しながら、ニコライ二世宛に無事に東京に到着した旨の電報を打ち、ロンドン駐在の妻子に手紙を書いた。手紙には大公の来朝を報道するジャパン・タイムズやロシア語の一面を載せた一月十二日付けの読売新聞の切り抜きが添付されていた。すべてが立派に準備されたわけであるが、一〇度前後という離宮内の気温はロシア人にと

大正天皇

って信じられないほど低く、居心地が良くなかったらしい。

同日の夕方、五時五十分、濃緑色のロシア陸軍中将の正装に勲章数個を着けた大公は寺内朝鮮総督と宮内省差し回しの「金色燦爛たる儀装馬車」に同乗し、霞ヶ関離宮を出門した。六時頃、近衛騎兵一個小隊に護衛された馬車の行列は、宮城正門から皇居に参内した。そこで、岡田式部官に先導され、大公は厳かに響くロシア国歌および君が代の演奏のもと鳳凰の間に入った。大正天皇の御前に進み、大公は大典終了に対するニコライ皇帝からの祝意を表明し、ロシア皇帝の親書および聖アンドレイ勲章と聖エカテリーナ勲章を奉呈した。「天皇陛下のご即位式という大祝典に当たり、ロシア皇帝陛下は陛下に対しご祝辞および陛下の世が光栄で隆盛たるものであれとのご挨拶を伝えるべく私を日本に派遣された。私はこの使命を賜わり、まことに幸福である。共通敵との実際の戦争における軍事的連帯の絆は、日露の親交をより確実にするであろう。ロシア国民は、太平洋方面に我が交通網を保証し、我が軍隊に兵器および軍需品を供給してくれた日本の好意を忘れない。深い尊敬と誠実なる友情を表す印として、皇帝陛下は天皇陛下がダイヤモンドのあしらわれた最高位の神聖アンドレイ勲章を受け取られ、皇帝陛下および皇太后の名において皇后陛下に神聖エカテリーナ勲章を賜わることを願っておられる」（『日本外交文書　大正五年第一冊』外務省編、一九六七年、三八七－八頁）。大正天皇は満足の意を表し、大公の胸間に大勲位菊花大綬章をつけた。同時に、タティーシチェフ以下の大公随員八名にも勲章が授与された。

同日六時半、宮中の豊明殿では大公の来朝を記念して宴会と夜会が開かれた。殿内の設備は「些《いささか》の遺憾なき」ようになされ、室内温度は装置によって摂氏約一五度で保たれていた。高い天井では殿内を「煌々と照らす」五色のイルミネーションがつけられ、金色燦爛たるカーテンや「朱に燃ゆる」絨毯が広間の装飾を極めた。こうした眩きばかりの風景は盆栽、そして食卓に置かれたゆり、すずらん、蘭などの生花で巧みに補われ、真冬の豊明殿は「春光熙熙として流るる花園」を思わせた。輝かしい宴会には大正天皇と大公のほか、各皇族、大隈内閣の閣僚、宮内省の大官、接伴員および大公随行員一同、ロシア大使館館員など、百余名が参加していた。大膳職が心をこめたご馳走のコースは高級な燕の巣のスープからスタートし、十二種の料理からなっていたという（「豊明殿の御夜――畏くも乾杯の勅語を宣らせ給ひ、遠来の国賓と御交歓遊ばさる」、東京朝日新聞、大正五年一月十三日、第一〇六〇〇号、五頁）。

このような豪華な雰囲気のなか、親王、山縣と大山の両元老、閣僚、大公随行員、在日ロシア大使館員などを前において、天

豊明殿広間

皇は低い口調でロシアの皇帝および皇室のための乾杯の辞を述べ、それは吉田式部官によってフランス語へ通訳された。天皇の挨拶はロシア皇帝の代表としての大公の来日を喜び、即位大礼に対する賀詞の伝達や勲章の贈呈を感謝しながら、日本国民がロシア国民に対して「誠実なる友誼」を抱持していることを宣言し、「日露両国民の間に存在する敬愛信頼の念」が一層強硬になることを祈るという内容のものであった（宮内公文書館『大正五年外賓接待録、露国皇族ジョルジュ・ミハイロヴィッチ大公殿下来航ノ部』第四巻、第八四四一号）。

ロシア皇族は天皇の歓迎の辞に対して次のように答えた。「私は陛下の優渥なお言葉を拝して深い感激を受け、厚い感謝の意を表したい次第である。ロシア皇帝陛下は今回、ご即位大礼のご祝詞を述べ、至誠なる好感と切実なる友誼を伝えるために私を陛下のところへ派遣され、高い使命を与えられたことを大変嬉しく思っている。陛下が私に与えた懇篤なるご接待および高貴の勲位は、開戦以来、日本国民が我国に対して表明した友好の態度を象徴的に反映しているので、一層の重きをなしている。陛下の政府が我国に与えた至大な援助はロシア政府の深い感謝を呼び起こしており、両国間の友好関係史に忘れられない印跡を残すに違いないと確信している。ここに、私は陛下、皇后陛下、ならびに貴皇室全員のご健康を祝しながら盃を挙げ、高貴な日本全国民の繁栄を祈っている」（宮内公文書館『大正五年外賓接待録、露国皇族ジョルジュ・ミハイロヴィッチ大公殿下来航ノ部』第四巻、第八四四一号）。モギリャーンスキイ随員が日記で書いていたように、広間の隅々まで響き渡るように明確で落ち着いた口調で発音されたこのフランス語のスピーチは、陽気で感情的なムハーノフ大佐が「うちの〈デンカ〉がやはり偉いんだよ」（ロシア人は「デンカ」という日本語を覚えてよく使った）と無意識に口を滑らしてしまうほど、周囲の人々に立派な印象を与えた。

宴会が終了すると、天皇は大公以下の諸員を牡丹の間に案内した。各皇族、山縣元帥、大隈首相、寺内総督らはここでデザートを味わいながら、暫く大公と歓談した。その後、八時半に正殿内に設置された舞楽台では演技が披露された。古雅なる日本の舞楽がとても気に入った大公は何度も満足の意を述べたらしい。日本の芸術に見慣れていないロシア人にとって、舞楽はとても不思議でエキゾチックな芝居であった。やがて、午後十時に東溜間では天皇、大公をはじめ、七十余名が戸山学校軍楽隊の演奏する管弦楽の奏楽のもとで立食する夜会が催された。十一時三十分、宴は終わり、大公一行は大正天皇に車寄せまで見送られ、宮城を退出した。霞ヶ関離宮に戻ったとき、疲れていたロシア人の耳には、この一日だけで約二五－三〇回伴奏された「君が代」が響き続けていたという。

外交儀礼とその舞台裏

翌十三日、午前十時半、天皇は外交儀礼に則って霞ヶ関離宮を訪問した。離宮の二階南隅にある大広間で大公と対面し、吉田式部官を通じて歓談をした。同日、ニコライ二世と皇后に宛てて、高位の勲章の贈呈に対する感謝の電報が皇居から送られた。天皇が帰ってから、大公は浅黄色の礼装に着替え、宮内庁御用達の車に乗り、寺内総督以下の接伴員や随員を従えて、離宮を出門した。伏見・閑院・東伏見・久邇・東久邇各皇族ならびに英米仏伊の各大使館を歴訪した後、午後一時、伏見宮御邸で開催された午餐会に臨席した。大公を主賓とするこの午餐会には陪賓として、大公随員、ロシア大使館員、山縣、大山、奥、長谷川、川村の各元帥、寺内朝鮮総督、波多野宮内相、岡陸相、石井外相、上原参謀総長、戸田式部長官、一戸教育総監、大島陸軍次官、内山侍従武官長、田中義一参謀次長（一八

山縣有朋

六四－一九二九年）、各接伴員ら、合計三四名が招待された。午後三時に霞ヶ関離宮に帰館してから、大公は英・仏・米・伊の各大使館員、その他の外交官および勅任官以上の文武官に引見し、四時には前日に暗殺未遂事件にあったばかりの大隈首相の訪問を受けた。この引見の際、大公は対独戦争の英雄である陸軍中将神尾光臣（一八五五－一九二七年）および海軍中将加藤定吉（一八六一－一九二七年）に青島陥落を記念して神聖ウラジーミル剣付第二等勲章を贈呈した。

午後五時、大公は安達公使を伴って自動車に乗り、コザコーフ極東局長および白井少将を従え、大隈首相および山縣元帥の両邸を訪問し、この二人の有力者にロシアの勲章を贈呈した。もちろん、山縣との面会が天皇との対面のすぐ翌日に行われたことは、その訪問の重要性を強調する事実である。ロシア側は日本の政界の仕組みをよく把握し、元老という存在を重視していた。

五時半に大公は山縣公爵の目白邸に迎えられた。接待室において、大公は山縣に金剛石装飾付きの神聖アレクサンドル・ネーフスキイ勲章を手渡し、日露の友好関係に大きく貢献している元帥へのロシア皇帝の謝意を表明した。外交辞令の交換後、大公は、安達公使の報告によれば、以下のようなニコライ二世の伝言を知らせた。「昨夜、日本国皇帝陛下のご乾盃の辞に対する私の答詞に述べたとおり、先年、ロシアはドイツの教唆に動かされ、日本と衝突したことがあったが、その後、幸いに、両国の関係が旧に復したのみならず、なお一層親善の程度を増しつつあるなか、一昨年の夏、突然欧州の大戦となった。ドイツは十数年前から隠密にこの戦争を準備したから、戦闘が意外に長引き、開戦当時ロシアの所有した四百万挺の小銃も久しからず、ロシアの需要を満たせなくなった。ロシアの諸工廠において、昼夜兼行（機械掃除のため、二時間休業）、兵器および軍需品の製造を急ぎつつあるも、大戦に対して欠乏を感ずることは甚だしくなっているため、日本国はこの事情を諒解し、出来うるだけの力を尽して、兵器および軍需品をロシア軍に供給し、ロシア軍の行動に重大の援助を与えていることは、ロシア皇帝および官民一般の感謝に堪えないところである。ここで、ロシア皇帝は私に特命し、日本国皇帝陛下の外、なお閣下にも深厚なる謝意を伝えさせられた次第となった。ロシア皇帝はなお、日本国が将来においても、過去および現在のごとく、ロシアに援助を与えることを熱望されている。幸いに、閣下、その他のご尽力をもってこの目的を達し、連合国が速《すみやか》に最終の勝利を博するという希望に堪えざるところである」（『日本外交文書　大正五年第一冊』一一〇-一一頁）。

以上の挨拶の言葉に見られるように、大公は山縣との会談のなか、十余年前の日露戦争がもっぱらドイツの陰謀の結果として生じた偶発的な紛争であり、日露親善は確固たる基盤を有しているという期待感を表明すると同時に、ロシアが痛感している兵器・軍需品不足に言及し、山縣の理解と協力とを求めた。それに対して、元老は全力をつくし当局者と会談すると約束した。三十分余の会談後、山縣邸を辞去した大公は車中において、山縣との会談が成立したことを喜び、「殿下の趣旨の能く公爵の脳裡に貫徹したたる様感じたるが之れ偏に安達通訳の結果なり」（「露国大公と応答　大正五年一月」、『大正初期山県有朋談話筆記』、八二頁）と述べ、安達公使に固い握手を交わしたようである。

同日、大隈内閣の各大臣や大公の接伴員も、カホーフスキイ副官大佐の手から、ロシア

大隈首相が受章した神聖アレクサンドル・ネーフスキイ勲章

皇帝の勲章を受章した。接伴員長寺内総督は山縣と同様に金剛石装飾付の神聖アレクサンドル・ネーフスキイ勲章、内山侍従武官長は神聖アンナ第一等勲章、石井外相は大隈首相と同じく神聖アレクサンドル・ネーフスキイ勲章、陸軍大臣岡市之助、宮内相波多野敬直および海軍大臣加藤友三郎は白鷲勲章を授与された。

山縣邸から一度帰館した後、大公は七時に再び閑院宮邸の晩餐会のために出門した。晩餐会には大公随員、接伴員およびロシア大使館員のほか、陸海両相、石井外相と同夫人、上原参謀総長、花房赤十字社長、小澤同副社長、日露協会副会頭後藤男爵らの三八名が招待された。九時に大公は大将宮、同妃と握手を交わし、退邸した。この日は露暦で一九一五年の大晦日に当たる日であったので、大公をはじめ、随員一同および接伴員は大広間において祝宴を開き、零時になると、各自シャンパンを掲げて、「ス・ノーヴィム・ゴードム」（「新年おめでとう」）と新年の祝辞を交わしてから、寝室に入った。

露暦の元旦に当たる一月十四日は大公にとって、贈り物で始まるおめでたい日であった。十時頃、大公が泊まっていた霞ヶ関離宮に東京市長奥田義人（一八六〇－一九一七年）が訪れ、記念品を贈呈した。それは一月十一日の東京市参事会で決定されたものであった。品目は（ア）金地高蒔絵で吉野山桜花爛漫の様子が描かれた、高さ六寸、巾七寸程の優美極まる小箪笥、（イ）同じく高蒔絵の大井川渡船の模様が描かれた、高さ五寸五分、巾八寸の凝った手箱、（ウ）花模様と舞蝶の模様をつけた金糸錦のテーブル掛け三枚というものであった。奥田市長はそれに歓迎文を添えて、大公に奉呈した。

午前十一時から、大公一行はロシア大使館員とともに神田駿河台の復活大聖堂の礼拝に臨席した。聖体礼儀はセルギイ主教によって執り行われた。一月十五日の読売新聞は極めて詩的な表現でこの模様を記述した。十一時頃、大公一行の自動車は「日光が幸せそうに輝く青錆びたニコライ堂のドーム」に近づき、小砂利に快い響きを残して、会堂の前で停まった。黒の服を着けた三井道郎（一八五八－一九四〇年）長司祭が入り口で大公らを出迎

ニコライ堂入口前の大公

えて、教会のなかへ案内した。「無数の聖像の連った金色燦爛たる聖障《イコノスタス》の前には聖蠟の光仄かに揺ぎ、乳香妙《いみ》じく漂ひ、香壇の下には虔《つつま》しやかな信者の顔が並び、二百名ばかりの神学校の男女生が熱心に賛美歌を唄つている、軍装に鼠色の外套を着けた大公殿下には、まず恭々しく十字を切りつつ、香壇右方の凱旋旗の下に進まれて、御起立を続けられ、随員一同は其の後方に外套の肩章を光らせる、讃美歌の崇高な反響が徐《ゆる》やかに消えると、天門の金の扉が圧なく開けて、至聖所の内よりセルギー主教が姿を現した」（読売新聞、大正五年一月十五日、第一三九一五号、五頁）。新年の感謝祈禱および安着の祈禱が行われてから、信徒一同は会堂入り口の広場で並んでロシア国歌を歌った。

復活大聖堂の祈禱会の後、大公一行はセルギイ主教の自宅でお茶を楽しみ、正午に霞ヶ関離宮に帰館した。その後、全員は日露協会総裁の閑院宮によって永田町本邸で開催される午餐会に参加した。午餐会は大公を主賓に、随員接伴員および日露協会職員が招待された。午後、大公一行は帝室（上野）博物館のコレクションを観覧してから、三越呉服店の巡覧を行い、京橋区大鋸町にある兼田彫刻店を訪ねた。夜七時からはロシア大使館において、閑院宮をはじめ、随員接伴員の他、大隈首相、外務・陸海軍各省の高等官が招待された答礼の晩餐会が開催された。同日、大公に、天皇からは記念写真一枚および皇后からは刺繍屏風一枚（価格一八五〇円）が贈呈された。

三越庭園の茶室前の大公

一月十五日午前、大公は随行員や接伴員とともに、浜離宮の鴨狩りに参加した。これは十八世紀末期から使用された日本独特の方法で、引き堀や覗穴等が設けられる鴨狩専用の池で行われた。飼育したアヒルを使って、鴨を大きな池から細長い引き堀へ誘導して、網で楽々と掬い取ることになっている。大公自身がこの方法で数羽の鴨を捕獲できて、大満足であったらしい。このように捕らえられた鳥は直ちに、呼び出された大膳寮員によって調理され、ご馳走となった。

午後二時半、大公は閑院宮親王の案内のもと、本郷の前田侯邸を訪問し、種々の同家の珍蔵品を見学した。養嗣子として前田家の家督を受け継いだ陸軍人の前田利為《としなり》侯爵（一八八五－一九四二年）がイギリス出張中で留守であったため、国賓に侯邸を案内したのは、前田朗子《さえこ》未亡人（一八七〇－一九四九年）と亡き前田侯爵の実娘漾子《なみこ》夫人（一八八七－一九二三年）であった。西洋館には古書類が並び、日本館には利家卿秘蔵愛用の甲冑、名刀、その他の武器や茶器が展示されていた。美術品の見学に非常に満足した大公は、日露親善が同盟以上のものになったと言ったと、日本の新聞が報道していた。邸宅の見学の後、庭園では大公を中心として記念撮影が行われた。後ほど、写真に写っている安達公使はその写真に勘違いで「一九一六年二月、後楽園」と記しているが、それは同一月十五日午後、前田侯爵の本郷邸で撮られたものにほかならない（「日本の肖像——名家秘蔵アルバム1」、『毎日クラブ』、一九八八年一月十日号参照）。

午後七時、大公は日露協会の主宰により日本銀行総裁社宅で催された晩餐会に参加した。ここで再び寺内会頭、後藤副会頭らに面会し、渋沢、大倉、古河、三井という男爵以下の実業家たちと快活な会談を持つことができた。テーブルを除けば、和式で行われた晩餐会は芸子をはじめ、賓客にとってとてもエキゾチックなものであった。食事の後、大公らには日本の演劇や大相撲の競技が見せられた。

前田侯爵の本郷邸庭園における大公一行。
前列左3人目よりマレーフスキイ大使、前田朗子未亡人、前田利建、閑院宮、大公、前田夫人、マレーフスキイ大使令嬢クセーニヤ、タティーシチェフ少将、コザコーフ極東局長、ムハーノフ大佐。

帝都滞在の終盤

ロシア皇族の歓迎行事は、毎日、日程通りに繰り返された。同十六日、午前七時、霞ヶ関離宮前には伊崎良熙少将に引率される東京少年団が訪れた。二五〇名のボーイスカウトが園内の広場に整列して、ロシア大公殿下万歳を三唱した。十時過ぎ、大公一行は上野駅から日光に向けて出発した。宇都宮駅では大公が梨本宮（一八七四－一九五一年）に出迎えられ、短い歓談が行われた。二時過ぎに日光に到着し、人力車に乗って有名な金谷ホテルに向かった。道端にはいつものように生徒が整列しており、大公一行を大きな声で歓迎し、日露両国の国旗を振っていた。同夕、ロシア人たちは東照宮とその周辺を見学してから、豪華な夕食会を楽しめた。

翌日、朝早くから吉田・木村・田中・黒澤の接伴員に案内され、前日と同じく人力車で日光の名所の見学を続け、お土産をたくさん購入した。大公一行は日光の景観に痛く感動したらしく、午餐会の直後には金谷ホテルで記念撮影が行われた。風光明媚な日光の見学は大公とその随行員にとって最も楽しい行事のひとつであったに違いない。大公自身の書簡もモギリャーンスキイの日記もそれを鮮やかに物語っている。大公にとって、美しい日光は故郷のカフカスを連想させるような心を癒すところとなった。

十七日の夕方、大公一行は無事に帰京した。日光駅、宇都宮駅、上野駅などの各所では皇族を奉迎する大衆が並んでいた。霞ヶ関離宮に到着してから、前庭の植え込みをめぐらす形で整列した小学校生徒による奉迎の声が聞こえてきた。麹町区内にある小学校七校の男女児童三千人余名は、手に手に紅白染め分けの提灯および両国の小旗

日光二荒山神社にて
前列左より式部官吉田美利、タティーシチェフ少将、式部官木村、大公、宮司竹間清臣（1863－1923年）

を携えながら、万歳を唱えた。大公はバルコニーに現れて、「頗《すこぶ》る御欣びの模様で一々挙手の御答礼を遊ばされた」（読売新聞、大正五年一月十八日、第一三九一八号、五頁）。その後、大公をはじめ、随行員および接伴員は午後七時に霞ヶ関離宮で晩餐を終えてから、全員九時から大公のためにロシア大使館で開催される夜宴に向かった。ここには四百余名という日本の政界・経済界のエリート層が集まったほか、日本で武器・軍事品の検査事業に従事するロシア軍人の多くが姿を見せた。

一月十八日の接待は、陸軍に任されていた。午前、大公は近衛師団第一連隊選抜将校の軍刀術試合、下士官の銃剣術試合および選抜兵卒四十名の銃剣術を熱心に観察した。引き続き、第二連隊第二中隊の兵舎および第一大隊炊事場を巡覧した後、一個中隊を閲兵し、中隊教練、密集教練、戦闘教練ならびに分列式を見た。その後、陸軍中央幼年学校を訪問し、生徒のロシア語能力を試し、柔術・軍刀術の集合試合、障害物通過などを観覧することができた。日本側は陸海軍の優れた技術力・体力などを存分に示すことによって、大公に強烈な印象を与えたかったに違いない。しかし、日露戦争でその才能を発揮した人材ばかりが紹介されていたので、大公の目には日本の陸海軍の優越性を示唆するようなものと

東京砲兵工廠で日露両国の軍人に囲まれて記念撮影をした大公
前列４人目より閑院宮親王、大公、久邇宮邦彦王、岡陸相

して映り、むしろかなりマイナスのイメージを残したと考えられる。

午前十一時五〇分、大公一行は砲兵工廠前に岡陸軍大臣・大島陸軍次官、筑紫兵器局長、宮田提理などによって奉迎された。大広間で廠員からの挨拶がなされた後、大公は見学を行い、ロシア用の小銃製造を担当する人たちに面会し、技手および職工の六十名に金製や銀製のメダルを授与した。閑院宮・久邇宮・岡陸相らと同廠内の後楽園で午餐会をした後、午後三時過ぎに大公は小銃製造所を巡覧し、霞ヶ関離宮に帰館した。製造所などの実情および生活の不自由さに驚いた大公の指令で、カホーフスキイ大佐は黒澤少佐とともに直ちに奥田市長を訪問し、大公が貧民救済事業のために寄付した金二千円を贈呈した。同夜、田中参謀次長のところでは日本式の夕食会が開催されてから、帝国劇場の訪問が予定されていたが、洗礼祭の前日であったため、大公はそれを謝絶し、人知れず一人でロシア大使館に行ってきて、ゆっくりとした夕べを過ごした。

同十九日、ロシア皇族一行は電車で鎌倉に向かって、神奈川県知事らの案内で鶴ヶ岡八幡宮や大仏を見学してから、島津忠重公爵（一八八六－一九六八年）の別邸で休憩をとり、西洋風の海浜院で午餐会をした。その後、一行は極楽寺―江ノ島間の海岸を散策し、江ノ島の景観を鑑賞する予定であったが、時間がないこと、木製の橋が危いという日本側の理由で島へは行かなかった。定かではないが、モギリャーンスキイの憶測によれば、本当の原因はロシア側があまりに熱心に写真撮影をしていたからであった。というのも、そのせいで、海岸では中島少将とのちょっとした口喧嘩になったほどだったからである。日本国内の規定では江ノ島も横須賀要塞周辺の地区として定められ、撮影や描写は厳禁であった。天気は観光に最も相応しい「麗朗温暖」であったものの、大公一行はこうして仕方なく藤沢駅に向かい、臨時電車で東京に戻らざるをえなくなった（宮内公文書館「露国皇族ジョルジュ・ミハイロヴィッチ大公殿下接伴報告」、『大正五年外賓接待録、露国皇族ジョルジュ・ミハイロヴィッチ大公殿下来航ノ部』第八四四一号、第六巻）。同夕七時半、霞ヶ関離宮では大公が答礼で主催した、各皇族、元帥、各国務大臣が参加する送別晩餐会が開かれた。

日本滞在が終わりに近づいた一月二十日午前に、大公、随員および従者全員に大礼記念賞が贈与された。十二時過ぎ、正装し大勲位菊花大授章を身につけた大公は別れを告げるために、寺内総督の陪乗で、随員と接伴員を従え、儀仗兵警備に護衛され、霞ヶ関離宮を出門して、皇居に向かった。陸軍様式の正装をした天皇に迎えられた後、鳳凰の間に案内され、天皇陛下と暫く歓談した。その後、豊明殿では別れの午餐会が催されたが、モギリャーンスキイ随員が回想しているように、エキゾチックなものに対する新鮮な関心はすでに飽和状態に達し、退屈そうな雰囲気が漂っていた。あまりにも過密なスケジュールのせいで、両国の代表者には隠せないほどの疲れがたまってきたのである。社交的な辞令の交換後、午後二時過ぎに大公一行は霞ヶ関離宮に帰館した。午後三時、天皇は答礼のために霞ヶ関離宮に大公を訪れた。

同夜八時半から、帝国劇場において、東京市の実業家の主催で大公歓迎の観劇会が開催された。この観劇会には二千人の文武官、大官が招待されたと言われた。読売新聞は、当日の帝国劇場の様子を次のように描写した。「当日同劇場にては朝来奉迎の準備を整へ、正面玄関を始め、南北両入口には日露両国の大国旗を掲げ、数百個の窓には両国の小国旗を装飾し、内外にはイルミネーションを満点し、御通路の絨毯を取り替へ、各所に盆栽を置き、温度は六十五度より七十度〔華氏の温度、摂氏の一八・三―二一・三度〕の間を保たしめ、香気馥郁実に仙境に在るの思ひあらしむ」（読売新聞、大正五年一月二一日、第一三九二一号、五頁）。客のなかには皇族をはじめ、渋沢・大倉・三井などの実業家の姿が見られた。

大公は歌舞伎の『名和長年』や『元禄花見踊』などに深い興味を持ち、「機嫌特に麗しく」と報じられていたが、上演は四時間ほど続き、演技そのものがヨーロッパ人の観点からみれば幼稚なものであり、芝居の意味がロシア人にはあまり通じなかったため、退屈の極みであったと、前述の随員の一人が回想している。閉演後、さらに夕食会があったため、大公一行が霞ヶ関離宮に帰ってきたのは、すでに真夜中の一時頃であった。

言い換えれば、大公の滞在日程はぎっしり詰まっており、疲れがたまってきたロシア人はあらゆるイベントの有難味を十分に実感することができなかった。《南国日本》の見慣れない景色や文化に魅了され、見学をもっとしたいという気分であ

帝国劇場

ったが、社交辞令で満ちた行事はうんざりであった。一方、大公をはじめ、全員が大量のお土産品を受け取り、買い入れており、戦時中という暗い「冬」に珍しい異郷において「短い夏」を味わえた。大公は土産品を荷物車に収納できるかどうかを心配していたくらいである。

第三章　地方歴訪の外交術

帝都を離れて

前述したように、大公の日本派遣のきっかけは、中島少将らを経由して伝達された日本側からの提案であり、ロシア側の動機は武器供給の増加への期待にあった。大公自身は日本の陸軍当局や外交当局との交渉に関わることなく、大正天皇や山縣元帥へのニコライ二世のメッセージを伝えただけである。ところが、サゾーノフ外相は皇帝や他のロシア当局と十分な意見交換をせず、この問題の処理をコザコーフ極東事務局長に一任した。日露同盟案に対する日本側の関心を引き立てるため、《刺激剤》として利用されたのは、日露戦争時から日本が目を離していなかった満洲における勢力圏分割問題および鉄道連絡問題である。コザコーフは安達公使や寺内総督との予備交渉の段階で、日本側が同盟国としてロシア側への武器補給に努める覚悟があるならば、ロシア政府はその返礼として第二松花江以南の東清鉄道支線を譲渡できると申し出た。中国での現状維持を主眼とする具体的な日露同盟の提案は、ロシア陸海軍が必要とする武器軍需品目録（小銃と小銃弾薬、機関銃、大砲各種と砲弾、有刺鉄線等）とともに、日本当局に手渡された。大公が日光や鎌倉等の景色を見学している最中、大隈内閣の高官、軍部や元老たちは対露武器供給問題をめぐって議論を重ねていた。山縣はロシア側の提案に積極的に応じるべきであるという立場をとっていたが、日本の外務・陸軍当局の抵抗があって、対露武器供給増加案だけではなく、同盟構想自体が一月二十日の宮中会議で支持を得られなかった。そのため、山縣らは離日する大公に対して希望を持たせるような回答を返せなかった。一方、コザコーフは同夕、石井外相から極めて冷淡な返答を聞かされたのである。

一月二一日、大公一行は九日間の滞在後、東京を離れ、帰国の途についた。東京駅での送別式は歓迎式と同様に極めて豪華なものであった。ゲオールギイ・ミハイロヴィチ大公は陸軍中将の通常礼服姿で、午前十時二五分に霞ヶ関離宮を出門した。随員・接伴員を従え、儀仗兵二個小隊の警衛によって、沿道両側に堵列、奉迎送する近衛、第一両師団各隊および日露両国旗を手にする小学校児童の間を通り、東京駅に到着した。東京駅に大公を迎えたのは伏見宮、閑院宮、東伏見宮、久邇宮をはじめ、露英両国大使、大隈首相以下の陸海外務の各大臣、その他文武の大官であった。握手を交わした後、大公はロシア国歌の演奏のなか近衛歩兵一個中隊を閲兵し、臨時列車に乗車した。十時五〇分、特別列車は万歳の叫び声に送られながら、東京駅を発車した。東京駅での送別の様子は天皇の姿が見えなかったこと、全員が通常の礼服のままであったことを除けば、出迎えと一緒のものであった。

臨時列車は途中、横浜で停車し、ロシア居留民、同市の官公吏や在郷軍人などから歓迎を受けた。午後一時少し前、中島、田中、木村という三人の接伴員が随伴する大公一行は国府津で下車し、「小学校生徒ならびに町民の堵列奉迎の中」、宮内庁差し回しの自動車で箱根宮の下の富士屋ホテルへ向かった（宮内公文書館「露国皇族ジョルジュ・ミハイロヴィッチ大公殿下接伴報告」、『大正五年外賓接待録、露国皇族ジョルジュ・ミハイロヴィッチ大公殿下来航ノ部』第八四四一号、第六巻）。富士屋ホテルでは大公に九三号、九四号、九五号という三部屋が割り当てられた。短い休憩を取り、午後三時頃、大公一行はホテルの支配人の山口正造の案内で、五人の轎夫《きょうふ》で運ばれる駕籠で浅間山を目指して出かけた。自分の大きくて重たい体を恥ずかしく思うカホーフスキイ副官だけはそれを断り、自分の足で山を登ることにしたが、それはかなりの苦労を要した。山頂からの眺めは立派で、大公はカフカスに酷似していると、何度も言っていたらしい。その後、一行は付近の風景を観覧しながら、足で小涌谷辺りまで下山して、再び駕籠に乗り、五時半頃、無事にホテルに帰ってきた。駕籠での箱根の見学は全員にとってとても興味深い体験となった。ホテルの所有者の回想によれば、全員が満足しており、タティーシチェフが轎夫に百円のチップを与え、日本人を驚かせてしまった。というのは、この駕籠の利用代金は二円であり、百円は一般労働者の約二か月分の賃金に相当していたためである。富士屋ホテルでは数回の記念撮影があり、

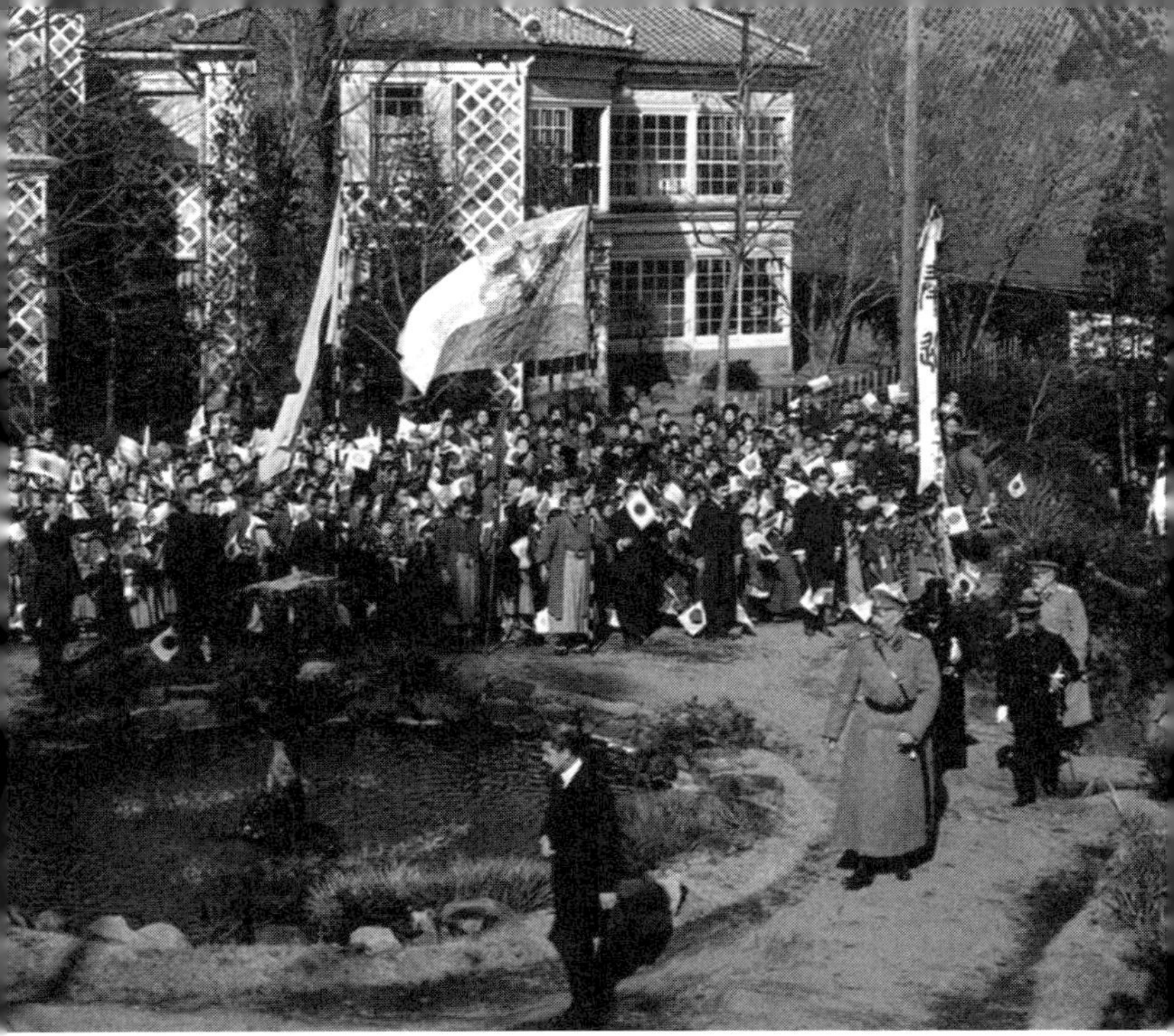

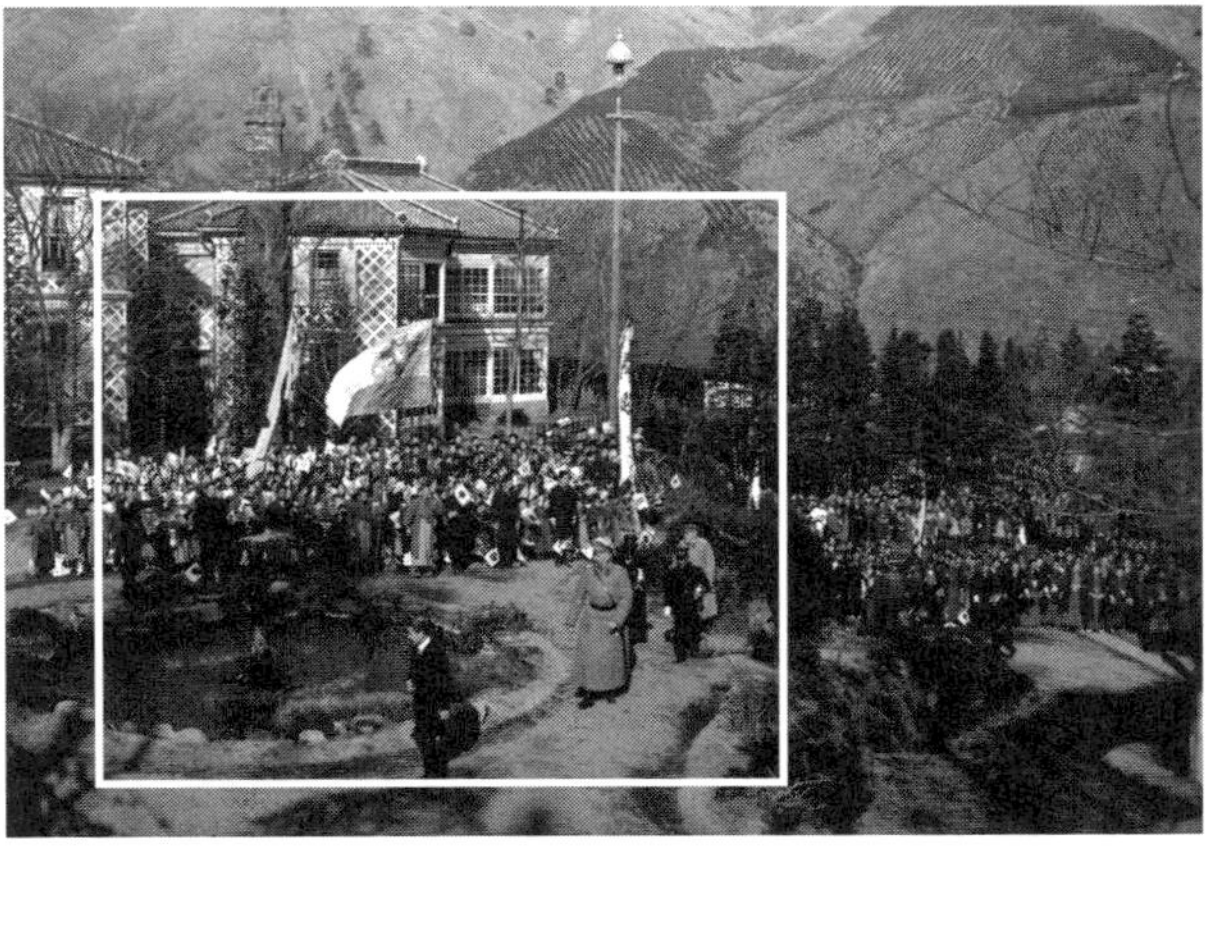

富士屋ホテルでの歓迎の様子

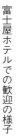

大公は箱根の寄木細工などの物品を数点買い上げた。さらに、同夜、富士屋ホテルでは内輪のみの晩餐会が催され、大公は陳列の古器物を鑑賞した。

　翌日の朝、大公一行は富士屋ホテルの自動車で長尾峠等に行き、富士山を眺めようとしたが、濃霧のため、途中で帰館することとなった。昼食の後、大公一行は自動車で暫く芦ノ湖畔を遊覧した。四時にホテルに帰り、荷物の支度をしてから、すぐに自動車で国府津に向かった。湯本、小田原、国府津などで町民の奉迎を受けたほか、小田原の正教教会に立ち寄り、神父と談話したという。国府津駅周辺で海岸を散策してから、午後六時二〇分、西下する列車で同駅を出発した。

　一月二三日から二六日までの間、大公一行は京都で泊まることとなった。二三日午前八時に特別列車が京都駅に到着し、大公一行は自動車で旅館に向かったが、ロシア皇族の宿泊先としては《煙草王》として名高い村井吉兵衛（一八六四－一九二六年）の丸山長楽館が選定された。長楽館に投宿し、朝食をとってから、大公はまず、通常の軍服を濃藍色の大礼服に改め、随員とともに伏見桃山の明治天皇陵・昭憲皇太后陵に参拝し、花輪を供えた。京都の沿道には国旗が翻り、雲霞の如く集まった官民の人びとは国賓を万歳の声で熱烈に歓迎した。

午後三時、桃山御陵を参拝してから、大公一行は京阪電車で天満橋に到着した。駅には仁田原第四旅団長、村岡恒利（一八六五―一九二二年）砲兵工廠提理、大久保大阪府知事、池上大阪市長をはじめ、在郷軍人会、将校婦人会、愛国婦人会、各学校生徒などがロシア皇族を奉迎した。天満橋駅からは、大公一行が大阪砲兵工廠へ赴き、村岡提理の案内により各工場を「隈なく」閲覧した。見学の後、ロシア用の兵器製作に関わる功労者四百余名に対し、大公の「御懇篤なる御沙汰」があった（第一二三六号、大正五年一月二十日、露国皇族殿下大阪砲兵工廠参観ノ件

大阪砲兵工廠

（「露国皇族来朝ニ関スル件」）『大日記乙輯、大正五年』一八六九－一八七八頁）。同廠諸員には、大公の手から特別な勲章、記章および記念品（ロシア酒・香料など）が与えられた。その後、大公一行は偕行社を訪れ、茶菓の供応を受けた。その際、芸術・美術に通ずる大公は、休憩室や食堂に陳列された住友、鴻池、藤田の三男爵らの秘蔵の古美術品を楽しんだ。午後六時、大公一行は古都京都に帰った。一方、大公が大阪砲兵工廠を見学している間、カホーフスキイ大佐がロシア式三インチ砲弾用信管の製造に取り掛かろうとする松田製作所（今日のマツダの始まりとなった工場）を訪問・視察した。同夕、長楽館では舞子などによる舞踏が催され、大公一行は夜遅くまで飲みながら歓談していた。その日、ロシアからの手紙が初めて届き、大公一行の全員がとても喜んでいた。

　翌日、ロシア皇族は寺内総督の陪乗で、各随員および各接伴員を従え、大森京都府知事、永田警察部長、日野西宮内省事務官らの案内により、即位・大礼が挙行される紫宸殿《ししんでん》、二条離宮などを詳細に巡覧した。一九一五年十一月の即位式に参列したマレーフスキイ大使は当時この様子について報告したが、大公は高御座御帳台をはじめ、威儀物、建築物、楽器、御裳束、膳部、舞楽の衣裳など、一々実際に目にし、深く感歎して満足感に浸ったらしい。大公の言葉では、儀式はロシア古代の戴冠式を思い起こす部分が少なくなかったという。次いで、大公は古くからロマノフ帝室の御用達でもあった川島織物工場を見学してから、生神女福音大聖堂という正教教会に顔を出し、正午に長楽館に帰館した。井上市長は大公に武士の象徴たる日本刀等を捧呈し、大公は京都市の貧民に約千ルーブルを寄付した。

同日の午後、大公一行は神戸市の近くにある久原《くはら》房之助（一八六九―一九六五年）の住吉邸を訪ねた。庭園を約一時間半散策し、撃剣（剣術）、柔道などの試合を観覧した後、豪華なロシア風の晩餐会が開かれた。久原の大公接待費は三万五千円に及び、一人当たりの夕食費は四百円という空前の巨額に達したらしい。参加者全員に大公訪問記念の文字が刻み込

紫宸殿での大礼の様子

久原の私邸にて。左から寺内朝鮮総督、その後ろはカホーフスキイ大佐、安達公使、ムハーノフ大佐、大公、久原房之助。

まれた銀製の小箱が贈呈されたという。この晩餐の後、大公一行は京阪および東京の舞妓の諸芸を見せられ、さらに日本式の夕食会があった。十一時半に帰館した大公は自分の夜の気分を「へとへとに疲れた駅逓馬」という言葉で形容した。日程に拘束されず、ゆっくりと買い物ぐらいできればいいなという気持ちであった。ちなみに、その時点で、大公が受け取った土産品はすでに二五個の箱に至ったため、皇族はその恩返しとして、各地で貧民を支えるための寄付金を当局に寄贈したりした。

富豪久原邸での晩餐会は当時の日露関係の状況を象徴的に物語っている。大戦景気あるいは《対露時局商売》が多くの実業家に巨利をもたらし、日露接近ムードに寄与したが、久原はその典型的な《戦時景気の幸運児》として、経済的ないし政治的な影響力を大いに伸ばしてきた。長州閥あるいは山縣閥の都合からすれば、久原は対外政策方面においても十分に利用できるパートナーであった。それもあって、久原は一九一五年末頃から不透明な手段を使い、経済・政治的な対外政策事業に積極的に関与し始めた。大公が日光を巡覧していた日、ロシア大使の元には、ロシア式小銃六〇万挺および同実包六億個の製造にかかる久原の提案が伝達された。久原は一億円に相当するこの小銃製造案の成功を考え、大公の接待に力を入れていたわけである。

戦時中、在外正貨の不足を痛感していたロシア政府はロンドンの銀行界の協力を得てイギリスで設定されたクレジットを当てにして、外国市場での武器軍需品の調達活動をせざるをえなかったが、一九一五年末、イギリスの政府当局は日本のような大英帝国圏外の市場での対露クレジット資金の使用を厳しく制限した結果、日本の《対露時局商売》の見通しが一瞬のうちに危うくなってしまった。久原はその事態を大いに懸念していたので、大公との談話はこうした軍需品代金支払い問題にも及ぶことになったと思われる。というのも、一月二七日、大公の依頼で、ペトログラードには「軍需品発注での代金支払いの滞納は日本側へ重苦しい印象を与えており、完了したオーダーで早急に支払いを済ませ、日本政府との間で成立したばかりの契約で手付金を納入する必要がある」というメッセージが伝達されたからである（MOEL. Seriya 3, vol. 10, Moscow-Leningrad, 1938, p. 118)。

要するに、大公一行は輝かしい歓迎がなされた帝都をすでに去っていったが、《よそ者》の目が届きにくい帝国各地においてこそ、山縣、寺内、田中をはじめとした軍部の重鎮が推進しようとする外交方針が形づくられていた。こうした観点からすれば、久原との会談は軍部とそれに関連する勢力の典型的な外交であったと言えよう。日本の経済界はロシア市場をめぐって加速化し始めた国際的な競争に深く巻き込まれており、こうした外交的なチャンスを見逃すわけにはいかなかった。

一月二五日、大公一行は奈良を訪問した。正倉院をはじめ、帝室博物館、大仏殿、興福寺、春日大社、法隆寺などの名所を案内してもらい、日本古代文明の入門コースを興味深く聞かされた。奈良への旅行は、東洋や日本の独特な文化に対する大公の関心を一層刺激した。日本当局者の報告によれば、京都に滞在するとき、日本固有の文化に憧れを持っていた大公は、毎日ロシア皇帝および英国在住の妃殿下宛てに書簡を書き、日本の生活様式や芸術を賛美したらしい。定かではないが、大公の書簡が日本当局によって検閲された可能性も推測できる。大公の娘宛ての手紙にしても、書簡が日本側によって閲覧される恐れがあることを予見するかのように、日本の事情に対して表現を丁寧に選んでいる様子がうかがえる。

同夜、祇園中村楼では寺内総督の主催によって、大公以外のロシア随員、日本側の接伴員や関西の文人武人が参加する華やかな宴会が開かれた。モギリャーンスキイによれば、開催者側は肉体的な娯楽を想定したような酒宴を企画したようであるが、《ロシアの賓客たち》がむしろそれに困惑してしまい、疲れたという口実で早く宴会を退いたらしい。

一月二六日、大公団の全員にようやく自由時間が与えられた。午餐の後、大公は一個人として安達公使や木村接伴員を従え、清水観音堂、知恩院や気に入った丸山公園を遊覧して、高島屋で買い物をしてみたが、大公の姿が現れると途端にその周りに人びとの山ができていたので、その散策は短時間で終わった。同夜、いよいよ京都を出発する時が近づき、ロシア使節は駅へ向かった。師団兵は旅館から停車場にいたる適当な場所に整列し、捧げ銃の敬礼を行った。大公は一々会釈し、駅に到着した。官民数百人の声および日露両国の国歌演奏に送られながら、午後十時三〇分、大公一行は列車で京都を離れ、西に向かった。もちろん、寺内総督以下の各接伴員やマレーフスキイ大使らも同伴していた。

広島から再び大陸へ

大公一行は各駅で官民から熱心な歓迎を受け、二七日午前八時四五分に広島駅のプラットホームに降りた。ここで、宇品線に乗り換え、同九時二〇分に宇品停車場に到着した。呉港鎮守府将校の先導によって、地元の市民の熱狂な歓迎のなかで、御召艦鹿島に搭乗した。供奉艦敷島を従え、潮、朝風両艇に護衛され、十時半頃に呉に向けて出発した。このとき、在泊艦船はいずれも満艦船飾を行い、二一発の皇礼砲が発射された。奉送船では両国の国歌が吹奏され、花火も打ち上げられるなど、非常な壮観であった。一時間後、大公一行は呉軍港に入港し、鹿島の上甲板では呉鎮府司令官以下の海軍軍人が紹介されてから、午後一時に上陸し、約一時間半にわたり二万人以上の職工が働く海軍工廠を見学していた。

ここでも大公は、大砲や砲弾といったロシア用の兵器製造を担当する特務士官や職工らにロシア皇帝の肖像が刻まれた記章を与えた。当時世界に誇るべきものとみなされていた工廠は大公をはじめ、随員一同を深く感動させた。その後、全員が再び鹿島に乗艦し、宮島へと向かった。午後四時に宮島に上陸し、大公は厳島神社、五重塔、千畳敷、公園、宝物を見物し、宮島産物を数点買い上げて帰艦した。翌二八日未明、第三艦隊は抜錨して、朝鮮に向かって出航した。

一月二八日、午後四時半、御召艦鹿島は敷島、潮、朝風三艦に警衛され、関門海峡に入った。門司、下関の両市には来朝の際と同様の歓待の準備がなされた。港務部水上署汽艇の数隻には航路の警衛任務が与えられ、市長、市会議員、その他の官民、有志市民は数十隻の汽船に乗り、大公一行を歓迎奉送した。海陸両方で花火が打ち上げられ、市内の学生全員が両海岸に整列し、日露の国旗をかざして万歳を唱えた。

翌二九日の朝、御召艦鹿島は釜山に投錨した。鹿島、敷島両軍艦の乗組員に別れを告げた後、大公一行は来朝時と同様に、日韓両国民の学生らの熱烈な歓迎を受けながら、南満洲鉄道会社の特別仕立ての列車に移乗し、八時半に京城（ソウル）に向けて出発した。同

朝鮮総督《倭城台官邸》

夜、龍山の総督新官邸において、京城に到着した大公を主賓として、京城駐在のロシア領事ヤーコフ・リュートシュ（一八五四－?年）、井口軍司令官、大屋長官、立花総長らが臨席する上、「懇篤なる」晩餐会が催された。大公については「長途の御旅行にも拘らせられず何等御疲労もなく、益御機嫌麗し」と報道された（読売新聞、大正五年一月二一日、第一三九三一号、五頁）。大公および侍医ブルンネル、カホーフスキイ大佐、マイフローフスキイ侍従補は総督新官邸に泊まることとなった一方、他の随員は一九一四年末に開業したばかりの「朝鮮ホテル」（現在、「ウェスティン朝鮮ホテル」になっている）に投宿した。

一月三十日、大公は龍山の官邸で各文武官および朝鮮貴族を引見した後、寺内総督が暮らしている

「倭城台官邸」を訪問したほか、昌徳宮、景福宮など京城市内を巡覧し、お土産品を数点買い上げた。報道によれば、大公は市内の日夜賑やかであること、諸事秩序の整頓したことは少しも日本内地と異なるところがなく、商店の繁盛なる模様を目撃し、それに深く感動した。午餐会の後、大公は随員とともに総領事館敷地内の聖ニコライ教会に参拝し、領事館の茶話会に臨席した一方、寺内総督、安達公使およびコザコーフ極東局長は、官邸において何度も会談したと伝えられている。午後九時、大公一行が乗る特別列車は、両国国歌の吹奏中および数千人の万歳の歓呼する中、龍山停車場を発車した。

来朝の際と同様に、寺内接伴員長、安達公使らは大公の見送りのため、安東県まで出張することになった。翌日午前八時四〇分に安東駅に着いてから、大公一行と日本側の接伴員の記念撮影が行われ、寺内総督らとの別れの挨拶がなされた。そこからは、大公に随行したのは中村都督、国沢副総裁、佐藤警視総長という関東都督府の大官たちと森海軍少将、田中海軍大佐および木村式部官という三人の接伴員であった。

一月三一日午前九時過ぎに大公一行は安東を出発して、沿道の駅において日本の軍隊から歓迎を受けながら、北方に進行していた。大公はこうした歓迎に対して「一々御下車御答礼」を行なった（「露国皇族ジョルジュ・ミハイロヴィッチ大公殿下接伴報告」、宮内公文書館『大正五年外賓接待録、露国皇族ジョルジュ・ミハイロヴィッチ大公殿下来航ノ部』第八四四一号、第六巻）。大公は奉天駅にも降りて、本郷房太郎第十七師団長（一八六〇－一九三一年）と握手を交わし、日本の部隊やロシア総領事館の護衛コサック兵六名を閲兵してから、奉天将軍段芝貴（一八六九－一九二五年）との簡単な談話をした。ちなみに、中華民国政府は満洲の日露両国勢力圏で大公を出迎え、以前サンクトペテルブルグの教育大学でモギリャーンスキイの講義を受けていたロシア通の総統府高等外交顧問畢桂芳陸軍中将（一八六五－？年）および外交部員王景岐（一八八二－一九四一年）という有力な官僚を便乗させるために安東に派遣する予定であったが、その依頼は御召列車には席がないという口実で、日本側によって見事に謝絶されたのである。元来、大公らも中国人の官僚が便乗することがかえって迷惑になると考えていたため、日本勢力圏内における中国側との接触は以上のような奉天駅での段将軍との短い挨拶で終わった。大公自身が日本との交流を優先するという姿勢を示し、日本側はそれを高く評価したのである。こうして、日露親睦の関係を温めながら、大公一行は同夜十時半過ぎ、満鉄の最終点である長春駅に安着した。在留官民、学校の生徒らが熱烈に大公を歓迎した。ロシア皇族は日本人の高官と厚い握手を交わし、別れの挨拶を行った後、東清鉄道の特別列車に乗り換えてハルビンへと出発した。

コザコーフ極東局長はベザック大佐とともに奉天で大公一行と別れて北京に向かったが、中島武官を含めた大公一行はホルワット東清鉄道長官らに同伴されてハルビン経由でプリアムール総督府の諸地域の視察を行う予定であった。全員は不慣れな異郷での慌ただしい外交行事などで疲れていたので、ここでやっと日本の印象を整理できる

奉天停車場とヤマト・ホテル

時間がとれた。日本の文化・文明に直接に接触して、日本社会や国民性の特徴、母国ロシアが抱えている諸問題などについて大いに考えさせられたのである。

二月二日午前九時、特別列車はプリアムール総督ニコライ・ゴンダッチ（一八六一―一九四六年）らが大公を出迎えているウラジオストーク軍港に到着した。「停車場」およびウスペーンスキイ大聖堂前における「官民の盛大なる」歓迎の後、大公は要塞を視察し、同夜には要塞司令官ドミートリイ・クルィローフ陸軍中将（一八五三―一九一九年）主催の陸軍倶楽部晩餐会に臨席した（「露国皇族『ジョルジュ・ミハイロヴィッチ』大公訪日一件」、『日本外交文書　大正五年第一冊』、三九九―四〇〇頁）。翌日の三日、大公一行は車両組み立ての現場を視察した後、同市の軍港および商港を見学し、シベリア艦隊司令官ミハイル・フォン・シュルツ（一八六二―一九一九年）の晩餐会に参加した。同夜十時、特別列車はウスリー鉄道でハバロフスクに向けて出発した。

大公に与えられた課題のひとつは、敵国捕虜収容所の視察であったため、ハバロフスクに向かう途中、大公一行はスパースコエ（現スパースク・ダーリニイ）やイマン（現ダリネレーチェンスク）で下車し、諸敵国の捕虜が収容されている施設を訪ねた。同五日午前九時半、プリアムール総督府の中心地であるハバロフスク市に到着した。《極東の首都》たるハバロフスクにおける大公の歓迎は、ウラジオストークのそれを凌ぐ豪華なものであった。ハバロフスク駅において大公の到着を待っていたのは、市民、商人、町人、農民といった諸階級の代表、文武大官、日本人や中国人の居留民協会の代表らであった。駅での歓迎の後、大公一行はウスペーンスキイ大聖堂を訪れ、大聖堂前の広場において同市に駐屯する陸海軍の部隊・陸軍幼年学校生徒を閲兵してから、ニコライ記念図書館および探険家で地誌学者のウラジーミル・アルセーニエフ中佐（一八七二―一九三〇年）が館長を務める郷土博物館（現アルセーニエフ記念プリモールスキイ総合国立博物館）を訪問した。車両での午餐会の後、大公は建設中のアムール川鉄橋およびハバロフスク市の砲兵工廠を訪問したほか、タティーシチェフと一緒に郊外にある捕虜収容所を視察した。ハバロフスク市は、ロシア国旗およびイルミネーションで飾られた。軍管区司令官アルカーディイ・ニシチェンコフ（一八五五―一九四〇年）主催の晩餐会の後、同夜午後十時、貴賓列車はウラジオストークやハルビンに向けて発車した。

極東ロシアにとって、皇族の訪問が極めてめでたく喜ばしい出来事であったことは言うまでもない。ロシアで《第二祖国戦争》として受け止められた第一次世界大戦の最中、皇族の逗留は、《遠い辺境》に住むロシア人にも同じロシア国民だという意識を強め、ロシア国内の連帯感を深める心理的効果があったろう。さらに、日露戦争後に日本の脅威を常に実感している極東のロシア人に《日本人は我が友だ》ということを示し、その恐怖感を和らげる効果も期待されたと思われる。ハバロフスクでの滞在は一日未満にすぎなかったが、大公自身も《遠い辺境》にある同市の訪問から良い印象を受け、ここではロシアの物理的・精神的な広大さと力強さを改めて痛感したようである。

帰り道には、大公はニコリスク（現ウスリースク）およびラズドーリノエに立ち寄り、移民事業および駐屯部隊の様子を視察した後、二月八日午後一時半、《中国世界におけるロシアのオアシス》たるハルビンに安着した。生神女福音大聖堂の祈禱会の後、部隊のパレードの見学、アメリカ式の蒸気機関車が組み立てられる車両製造所への訪問、鉄道倶楽部での盛大な宴会および演劇会への参加などがあった。同夕十時頃、大公一行の乗った特別列車は、西方に向けてハルビン駅を出発した。北京の外交顧問畢桂芳中将および外交部員王景岐は大公一行を満州里駅まで見送っており、二月九日、斉斉哈爾《チチハル》ではロシア領事館館員や居留民のほか、中国の黒竜江将軍朱慶瀾（一八七四－一九四一年）らとの謁見があり、中国部隊の閲兵式が実施された。ハルビン駐在日本総領事佐藤尚武の報告をみれば、日本側は多少とも、日本人の目が届きにくい北満洲における露中交流を気にしていたことが分かる。

ロシア領に入ってから、シベリア特急は西シベリアのチタ（同月十日）、イルクーツク（同月十四日）などを通過し、同月十九日に皇帝の使命を遂行したゲオールギイ・ミハイロヴィチ大公は一部の随行員や中島少将を従え、無事にペトログラードに到着した。陸軍大臣宛ての中島少将の報告によれば、大公は日本旅行に関しては十二分に満足していたらしい。約二か月にわたり長旅を続け、非日常的なことでいっぱいであったが、そこには再び《戦争、死および別れ》という容赦ない現実が全員を待っていたのである。ロシア軍がカフカス戦線でオスマン帝国内の西アルメニア地域にあるエルズルム要塞を陥落させたという吉報は戦勝への期待感を強めた。

おわりに　一九一六年の皇室外交の教訓

大公の報告

二月十九日、大公は五十四日間を要した二万五千キロメートルの長旅を終えて、無事に露都ペトログラードに帰ってきた。大公訪日のきっかけは大正天皇の即位式への祝意の伝達であったものの、その目的は第一に日本の対露軍事協力の強化にあったため、大公一行は滞在中、日本での武器調達事業について詳細な情報を集め、帰国した。ロシア外務省には大公訪日に先立って、両国間での同盟関係の成立が対露武器供給につながるであろうと見越しながら、第二松花江‐寛城子間の東清鉄道南支線の譲渡案が準備され、それがコザコーフ極東局長を通じて日本政府に伝達されたことは、先述のとおりである。上記のことを鑑みれば、ロシア外務省が実施する《一般外交》および皇帝が遂行する皇室外交は相互補完的な関係にありながらも、平行する側面があったことが分かる。同じように、日本でも大隈内閣の外交と山縣元老や参謀本部を発信元とする外交も相互的に対抗・補充するような複雑な関係にあったと言えよう。主権者たる君主の存在は国際関係においても複数の外交チャンネルを可能にしており、それは歴史の最重要な場面で立派に生かされていたわけである。

一月二一日、大公はモギリョーフ市の大本営においてニコライ二世に謁見し、出張の結果について報告した。恐らく、彼が提出した報告書は訪日中、軍事的な問題に関して、常に大公の相談相手となっていたタティーシチェフ侍従武官長およびムハーノフ参謀本部大佐らによって作成されたであろう。それは日本での武器軍需品調達事業、日本陸海軍が所有する小銃数、代金未払額、東清鉄道の現状、ウラジオストークの現況、シベリア部隊視察、捕虜収容所視察という七項目からなっていたが、前半のみが日本絡みのものであった。報告書には武器軍需品調達事業の現状が詳述され、訪問中に達せられた成果として次のようなことが盛り込まれていた。

1、久原房之助との六十万挺の小銃をめぐる談判が始まったこと。
2、日本政府から百台の山砲を譲り受けたこと。
3、日本側が二千万個の小銃実包を一括で譲渡するという合意が成立したこと。
4、ロシア式野戦砲用の三インチ砲弾に関する大規模の発注がなされたこと。
5、近いうちに、日本の民間会社は五万キロメートルの電信ケーブルを提供すること。

小銃や機関銃に関する妥協を許さない日本政府の立場は日本陸軍にはこうした武器の余剰がないことで説明されていた。「(日本側は)我々が要請する機関銃の数量を譲渡するならば、それは日本陸軍の武装解除になる」(ロシア連邦国立公文書館、GARF, F. 601, op. 1, d. 796. Ll. 1-9)。報告書は武器軍需品調達事業の財政的な側面にも注目した。日本での調達活動にブレーキをかけているのは、ロンドンの英露委員会が支払いに必要な金額を送金し遅れていることに起因する代金支払い延期問題であると、強調されていた。それにしても、小田切駐露武官の報告によれば、ニコライ二世は大公の報告を聞いて、日本での武器調達事業にはあまり進展がないことを知り、大きな驚きを覚えたという。なぜかといえば、右記の諸成果は予め半ば予定されたものであり、大公の訪日の結果であったと言い難いからである。大公の訪日中に発表された対露借款の設定（五千万円に相当するロシア大蔵省証券の受入に関する合意）も、どちらかといえば、大公の来朝と同時に日本に輸送されたロシア金貨（約八千万円）の間接的な結果となったとみることができる（詳しくは、斉藤聖二「日本海軍によるロシア金塊の輸送、一九一六・一七年」、『国際政治』第九七号、一九九一年五月、一五四—一七七頁参照）。

日露の接近を加速させた大公訪日

にもかかわらず、歴史的な観点からすれば、大公の日本訪問は日露協力関係に少なからぬ影響を与えたと認めなくてはならない。ロシア皇族の来日は軍需品供給や借款設定をめぐる日露交渉を円満にさせたことはいうまでもない。また、大公の訪日は新日露同盟協約をめぐる外交交渉をスタートさせた。大公がペトログラードに到着した日の前日、石井外相が本野大使宛てに外交交渉開始に関する訓令を伝達したことも、偶然ではなかったであろう。すなわち、山縣元老をはじめとした日本の政治エリートはどうしてもこの好機を捕まえ、日露関係の正常化に繋げようとし、大隈内閣の抵抗を押し切って日露同盟案を通過させたのである。

一見すれば、大公の日本訪問は単なる外交辞令の遂行にすぎなかったものの、コザコーフ極東局長がその報告に指摘したように、ロシア側が達成した諸成果は、大公が「その個性の魅力によって」得られた好評を基盤にしていたのである（MOEI. Seriya 3, vol. 10 (Moscow-Leningrad, 1938), p. 42)。モギリャーンスキイ随員の日記によれば、大公は与えられた使命への責任を十分に意識しており、日本側がロシアの武器関連の依頼を引き受けられるよう、必死に努力したことが分かる。モギリャーンスキイが指摘しているように、大公は極めて過密な滞在日程をそのままで受け入れて、常に開催者に対して感謝と親切な態度を表明していたが、帝国劇場における四時間にわたる観劇だけは相当の忍耐力を要したという。

大公が次女クセーニヤに宛てた手紙などをみれば、彼は日本人・日本国民全体に対してそんなに好感を持っていなかったことが分かる。その背景には、日露戦争などで傷つけられた自尊心もあったと推測できる。日本の各所では一九〇四－〇五年の日露戦争の名残りを見出し、心が痛んでいたことは間違いない。それと同時に、ロシア皇族も戦時中の《日露同盟》の不誠実さに十分に気づいていたと思われる。随員モギリャーンスキイは日本国や日本国民の肯定的な特徴に注目しながらも、日本の軍事的な脅威を考慮し、積極的で強固な対日政策の必要性を強調していたが、同じように、大公も日本の脅威に対して警戒心を覚えたと推測できる。ただし、日常的な生活において、大公が人情に富み、思いやりのある人物であったため、日本側の接伴員たちとの良い関係をつくることができた。

一九一六年一月の大公訪日が成功したかどうかについて、様々な評価が可能であろうが、戦時中、一般国民だけではなく、ロシア皇族も社会的に《動員》され、皇室外交が対日方面において《一般外交》とともに活用されたことは間違いない。こうした大公訪日の背景と経緯の更なる研究はロシア革命前夜の帝政ロシアの政治・社会体制がいかなるものであったかということの解明に貢献しうると思われる。また、こうした研究は日露関係において、皇室間関係がどれだけ重要であったかを象徴的に物語っていると言えよう。

当時の日露の接近プロセスを概観すれば、以下のようなことになる。両国の官僚が両国間の接近に対して躊躇する姿勢を見せ続けていたなかで、日本の元老や軍部の外交が稼働した。ロシア皇帝がそれに応じると、ロシア外務省が日露同盟案を準備し、外交予備交渉をコザコーフに一任した。その提案が山縣元老と彼に近い人物の働きかけにより、大隈内閣の対露外交方針を変更させ、二月にペトログラードでスタートした日露外交交渉に繋がった。周知のとおり、この交渉は一九一六年七月三日付けの日露秘密同盟協約の締結に導いた。同年八月、大公訪日への答礼として、閑院宮親王一行がロシアに派遣された。日露関係史からみれば、絶頂点となったこうした日露同盟関係は不

モギリョーフの大本営で再会した閑院宮親王と大公（1916年9月24日）
左端は陸軍大将侍従武官長内山小二郎、右端は駐露大使本野一郎。

幸なことに、一九一七年二月の《ブルジョア革命》によって挫折したのである。

その後の運命

あいにく、大公の訪日はロシアの《君主外交》の最期となり、大公やその随員たちの運命も悲劇的あるいは劇的な形で展開されることとなった。ニコライ二世の忠実な武官であったタティーシチェフは退位させられた皇帝と運命を共有し、一九一八年七月、ウラルのエカテリンブルグ市でボリシェヴィキによって殺害された。ゲオールギイ・ミハイロヴィチ大公は長らく、ペトロパーヴロフスク要塞で拘束された後、家族と再会することなく、一九一九年一月に銃殺された。救済の道があったにもかかわらず、英国政府は大公を受け入れられないと返答したのである。大公の死とともに、彼の資産や遺産は掠奪され、散逸した。彼が所有していた最も豊富なロシア硬貨コレクションも、結局、国外に持ち出され、ばらばらとなったが、その一部はワシントンDCのスミソニアン博物館に入った。《支配階級》に属していた大公随員の多くは革命後、内戦などで行方が分からなくなり、亡命生活を余儀なくされた者もいた。ロシア極東外交の第一人者であったコザコーフは逮捕を逃れようとして、フィンランド経由で外国へ脱走したが、途中で不幸にも足が凍傷になり、壊疽で亡くなったらしい。一方、カホーフスキイ大佐の運命は現在も不明のままである。

大公自身が政治にほとんど無関心で、学問や美術に造詣が深い人物であったが、同じように、彼の周辺の人々には政権にとってあまり危険性のない者が数多くいた。大公の秘書マイフローフスキイはその一人で、革命後、教育人民委員会芸術作品保護課や科学アカデミーに暫く務めたが、一九二七年に《反革命君主主義組織の参加者》として逮捕され、ソロヴェーツキイ収容所に送られ、一九三四年頃、ルィービンスク市で病死したとみられている。医師ブルンネルもソヴィエト・ロシアに居残り、晩年まではレニングラードで暮らしていたようであるが、第二次世界大戦中の一九四二年にドイツ軍の包囲のなかで餓死したのである。

ベザック大佐はフランスに亡命して、一九四二年に七十八歳という高齢で寿命をまっとうし、ムハーノフ参謀大佐も一九三三年にフランスで静かに亡くなったらしい。貴重な日記を残したモギリャーンスキイはボリシェヴィキ革命後、キエフに移り、ウクライナ自治運動に関与し、ゲトマン・スコロパッキイ政権の重要人物となった。ヴェルサイユ講和会議でその政権を代表し、フランスでの亡命生活を経て、チェコスロバキアに移住し、一九三三年に首都プラハで亡くなったとされる。

それに比べて日本側の接伴員らの運命は幸福なものであり、その多くは以後も政治的・軍事的な活躍を無事に続けていたが、ロシア革命の結果、国際情勢が一変したため、彼らも両国間の《例外的な友好》の時代について積極的に思い出そうとしなかったであろう。それゆえ、こうした日露皇室外交に関わる興味深いエピソードは、長い間、不当にも社会的な記憶から抹消されていたのである。このような出来事が起きてから百年が経った今日、その歴史的な教訓と意義について冷静に考えることが、両国民の自己意識（アイデンティティ）と今後の日ロ関係の方向性を見極めるという意味でも極めて有益であると、著者は確信している。

日本やロシアの国民意識のなかで、十九世紀末－二十世紀初頭の日露関係は日露戦争に象徴される東アジアや太平洋北部海域をめぐる両国間の激しい対立の記憶として刻み込まれた。確かに、一九〇四－〇五年戦争は人びとの記憶に明確な足跡を残し、歴史的に甚大な結果をもたらした。日露衝突の序曲となったような一八九一年の有名な大津事件もこうした対立の一環として容易に位置づけられるであろう。または、こうした観点からすれば、皇太子ニコライによる日本訪問あるいはそこに表れたロシアの対日皇室外交は大津事件によって大失敗に終わったとみることが可能であろう。しかし、両国間の関係・交流史を丹念に検討すれば、日露関係は《忌々しい勘違いから生じた》とも言われたこの戦争によって途切れたことはなく、ロシア君主制が倒れる一九一七年三月という時期までに大いに修復され、少なからぬ前進もみられたと結論づけられる。近年、帝政ロシア史が注目されているなかで、この《謎めいた日露友好の現象》の検討も実を結ぶようになってきているが、その動きの最大の意義は、有名なロシアのことわざを言い換えれば、「過去の恨みよりも、過去の友好という遺産を忘れるべきではない」という言葉で表現できるであろうと信じている。

日露関係史という観点からすれば、一九一六年のゲオールギイ・ミハイロヴィチ大公の訪日は様々な意味で特例という側面が目立つ。両国皇族の相手国への訪問は通常、世界一周航海や欧州旅行のなかの一行事にすぎなかったが、大公の訪日は当初から日本への公式訪問として計画されてきた。この日本訪問には当初から国際政治的な意義が見いだされ、両国間の将来の関係に大きなインパクトを与えられるようなものであった。大公による訪日が無事に終了し、少なからぬ政治的な成果をもたらしたのは、日露両国が協力し合う必要性を痛感しており、元老山縣らの政治的な手腕によって推進される皇室外交の構想がニコライ二世の理解を得て、ツァーリの積極的な対日外交に繋がったからにほかならない。その結果、短期間ではあるが、帝政ロシアが倒れる寸前、日露関係には皇室間の輝かしい交流がみられたのである。

主要参考史料および文献

未刊行公文書館資料

宮内公文書館『大正五年外賓接待録、露国皇族ジョルジュ・ミハイロヴィッチ大公殿下来航ノ部』第八四四一号、全六巻。

防衛省防衛研究所史料室「露国皇族来朝ニ関スル件」、『大日記乙輯、大正五年――乙輯第一類第二冊』T5-2-11、一六五五-一二〇三頁（アジア歴史資料センター、C02031886200）。

ロシア連邦国立公文書館（GARF）: F. 601（ニコライ二世）、op. 1, d. 796.

ロシア連邦国立公文書館（GARF）: F. 676（ゲオールギイ・ミハイロヴィチ大公）, op. 1, dd. 362-363.

ロシア連邦国立公文書館（GARF）: F.R-5787（N・M・モギリャーンスキイ）, op. 1, d. 22. "V gostyakh u Mikado" (dnevnik).

Hoover Institution Archives (Stanford University), George, Grand Duke of Russia, Letters to Princess Kseniia, 1914-1918, 2 manuscript boxes.

刊行公文書館史料

Krasnyi Arkhiv: Istoricheskii zhurnal, 1928, Vol. 6 (XXXI); 1929, Vol.1 (XXXII).

Mezhdunarodnye otnosheniya v epokhu imperializma: Dokumenty iz arkhivov tsarskogo i vremennogo pravitel'stv 1878-1917 gg. Seriya 3, vols. 9-10 (Moscow-Leningrad, 1937-38).

「露国皇族『ジョルジュ・ミハイロヴィッチ』大公訪日一件」、『日本外交文書――大正五年第一冊』外務省編、一九六七年、一〇七－四〇二頁。

同時代の定期刊行物

Novoe vremya (Petrograd)

Priamurskie vedomosti (Khabarovsk)

Kitai i Yaponiya (Khabarovsk)

読売新聞

東京朝日新聞

東京日日新聞

京城日報

参考文献

A Romanov Diary: The autobiography of H. I. & R. H. Grand Duchess George (New York: Atlantic International Publications, 1988).

保田孝一『最後のロシア皇帝ニコライ二世の日記』増補、朝日新聞社、一九九〇年。

保田孝一「ニコライ二世と長崎」、平成三年度第語回長崎県民講座、講義録、長崎県教育委員会（未刊行）。

保田孝一「明治時代の日露関係――皇室外交と満韓交換提案を中心に」、『スラヴと日本』、弘文堂、一九九五年、三六－六一頁。

Podalko P. E., Yaponiya v sud'bakh rossiyan: Ocherki istorii tsarskoi diplomatii i rossiiskoi diaspory v Yaponii (Moscow, 2004).

中山和芳『ミカドの外交儀礼――明治天皇の時代』、朝日新聞社、二〇〇七年。

バールィシェフ、エドワルド『日露同盟の時代　一九一四－一九一七年――「例外的な友好」の真相』、花書院、二〇〇七年、一六〇－一八五頁。

Baryshev Eduard, Rol' knyazya Yamagata v podgotovke russko-yaponskogo soyuza 1916 goda: Za kulisami vizita velikogo knyazya Georgiya Mikhailovicha v Yaponiyu, Yaponiya 2007: Ezhegodnik (Moscow, 2008), pp. 249-265.

Baryshev Eduard, Yaponskaya missiya velikogo knyazya Georgiya Mikhailovicha, Znakom'tes'- Yaponiya (Moscow, 2009), pp. 58-72.

＊本書は科学研究費研究若手研究（B）「第一次世界大戦期における《日露兵器同盟》の実像」（課題番号24730146）の成果の一部である。

58頁　『太陽』、大正5年2月1日、第22巻第2号、19頁。

60頁　安達峰一郎記念財団、所蔵写真（1887-1935）、第272号。

62頁　『外賓接待写真帖（三）』、第65154号。

64頁　安達峰一郎記念財団、所蔵写真（1887-1935）、第123号。

68頁　『東京百建築』、建築画報社、1915年、53頁。

73頁　『富士屋ホテル80年史』、119頁（富士屋ホテル提供）。

75頁　『大阪府写真帖』、大阪府、1914年、17枚目。

77頁　『大正御大典紀念写真帖』、忠誠堂、1916年、口絵。

78頁　『久原房之助』、久原房之助翁伝記編纂会編、1970年、212頁（JX日鉱日石金属株式会社提供）。

84頁　安達峰一郎記念財団、永久保存書類、第17-190号。

87頁　『南満洲鉄道株式会社十年史』、別丁。

98頁　スタンフォード大学フーバー研究所文書館、Queen Olga photographic collection, 1900-1916, Box 2.（フーバー研究所文書館提供）。

図版出典リスト

カバー表　宮内公文書館『外賓接待写真帖（3）』第65154号。
カバー裏『富士屋ホテル80年史』、富士屋ホテル株式会社、1958年、119頁（富士屋ホテル株式会社提供）。

11頁『太陽』、博文館、大正3年9月1日、第20巻第11号、口絵。
19頁『太陽』、大正5年2月1日、第22巻第2号、口絵。
20頁　内藤民治『世界実観――露西亜』、日本風俗図絵刊行会、1916年、8枚目。
25頁　A.V.アファナーシエフ提供。
28頁　ロシア連邦国立公文書館（GARF）：F.R-5787, op. 1, d. 22. モギリャーンスキイ日記より。
30頁『南満洲鉄道株式会社十年史』、南満洲鉄道株式会社、大連、1919年、別丁。
34頁　ロシア連邦国立公文書館（GARF）、モギリャーンスキイ日記より。
36頁　同上。
38頁　上、中は同上。下は『歴史写真』、歴史写真会、大正5年2月号、7頁。
42頁『太陽』、大正5年2月1日、第22巻第2号、口絵。
43頁　朝日新聞、大正5年1月13日、第10600号、5頁。
44頁　モギリャーンスキイ日記より。
46頁『御大典記念画報』（『婦人画報』増刊第116号）、東京社、大正4年11月25日、別丁。
48頁　宮内公文書館『明治宮殿、その弐』、B-2-宮内庁、第46858号。
52頁『太陽』、大正6年6月15日、第23巻第7号、口絵。
55頁　早稲田大学図書館所蔵。
57頁『風俗画報』、東陽堂、大正5年2月5日、第477号、口絵。

バールィシェフ エドワルド
1976年、ロシア、スヴェルドローフスク州ペルヴォウラーリスク市で生まれる。2000年、エカテリンブルグ市ウラル国立総合大学歴史学部国際関係学科卒業。2001年、国費留学生として来日。2007年、九州大学大学院比較社会文化学府博士課程修了（博士学位取得）。
北九州市立大学や立命館アジア太平洋大学の非常勤講師、島根県立大学北東アジア地域研究センター嘱託助手などを経て、2014年から筑波大学図書館情報メディア系の助教を務めている。著書『日露同盟の時代　1914～1917年』（花書院、2007年）などがある。

ユーラシア文庫4
日露皇室外交《にちろこうしつがいこう》　1916年の大公訪日
2016年5月26日　初版第1刷発行

著　者　バールィシェフ エドワルド

企画・編集　ユーラシア研究所

発行人　島田進矢
発行所　株式会社 群 像 社
神奈川県横浜市南区中里1-9-31 〒232-0063
電話／FAX 045-270-5889　郵便振替　00150-4-547777
ホームページ　http://gunzosha.com
Eメール info@gunzosha.com

印刷・製本　シナノ

カバーデザイン　寺尾眞紀

ISBN978-4-903619-65-1
万一落丁乱丁の場合は送料小社負担でお取り替えいたします。

「ユーラシア文庫」の刊行に寄せて

1989年1月、総合的なソ連研究を目的とした民間の研究所としてソビエト研究所が設立されました。当時、ソ連ではペレストロイカと呼ばれる改革が進行中で、日本でも日ソ関係の好転への期待を含め、その動向には大きな関心が寄せられました。しかし、ソ連の建て直しをめざしたペレストロイカは、その解体という結果をもたらすに至りました。

このような状況を受けて、1993年、ソビエト研究所はユーラシア研究所と改称しました。ユーラシア研究所は、主としてロシアをはじめ旧ソ連を構成していた諸国について、研究者の営みと市民とをつなぎながら、冷静でバランスのとれた認識を共有することを目的とした活動を行なっています。そのことこそが、この地域の人びととのあいだの相互理解と草の根の友好の土台をなすものと信じるからです。

このような志をもった研究所の活動の大きな柱のひとつが、2000年に刊行を開始した「ユーラシア・ブックレット」でした。政治・経済・社会・歴史から文化・芸術・スポーツなどにまで及ぶ幅広い分野にわたって、ユーラシア諸国についての信頼できる知識や情報をわかりやすく伝えることをモットーとした「ユーラシア・ブックレット」は、幸い多くの読者からの支持を受けながら、2015年に200号を迎えました。この間、新進の研究者や研究を職業とはしていない市民的書き手を発掘するという役割をもはたしてきました。

ユーラシア研究所は、ブックレットが200号に達したこの機会に、15年の歴史をひとまず閉じ、上記のような精神を受けつぎながら装いを新たにした「ユーラシア文庫」を刊行することにしました。この新シリーズが、ブックレットと同様、ユーラシア地域についての多面的で豊かな認識を日本社会に広める役割をはたすことができますよう、念じています。

ユーラシア研究所